もし明日が来ないとしたら、私はなにを後悔するだろう？

浦上哲也

アスコム

第1部　ある悩める青年の告白

第2部　「死の体験旅行」を経て

※本書に掲載されている情報は、2024年9月1日現在のものです。

第1部

ある悩める青年の告白

医療技術をいかに
進歩させたからといって、
人間は、「死」と無縁でいられない。
生きとし生ける者はすべて
「死」から逃れる術はない。

そしてなぜ、「死ぬこと」と同様、
「生きること」は、
こんなにつらいのだろう？

その答えを求めて、
生きることに疲れきっていた僕は、
SNSで見つけた
とあるお寺の住職を訪ねた。

そして、
「死ぬこと」と
「生きること」の
本当の意味について、
尋ねてみることに
したんだ。

ある悩める青年の手記 ―その1―

「生きることは確かにつらいかもしれない。でも、人生の終着点である『死』を意識して見てみれば、その印象は180度、変わるはずです」

浄土真宗の教えを説くそのお寺の住職は、開口一番、穏やかな笑顔でそう言った。

「『死の体験旅行』に興味を持っていただいて、ありがとうございます。さぁ、こちらにおかけください。じっくりお話をしましょう」

そのように穏やかなバリトンの声でうながされ、僕はテーブルをはさんで住職に真正面から対峙《たいじ》したのである。

浄土真宗には、剃髪《ていはつ》しない僧侶も少なくないと聞いていたが、その住職は、ついさっきかみそりを当てたばかりですといわんばかりのツルツル頭で、しかも頑丈そうな身体に作務衣《さむえ》をまとった、中年ふうのお坊さんだった。

住職の穏やかな物腰にかえって胡散《うさん》くささを感じた僕は、つい悪い癖が出て、住職にこんな言葉を投げかけていた。

「こちらのお寺『なごみ庵』の山号は、倶《とも》に生きる山と書いて倶生山《ぐしょうさん》というそうですね。だから勝手に、小高い山のてっぺんにあるお寺を想像していましたが、住宅街のなかにあって、しかも、山門《さんもん》もなければ伽藍《がらん》や塔《とう》もない、とても小さなお寺なので、拍子抜けしてしまいましたよ」

初対面の人であっても思ったことをそのまま口に出してしまうのは僕の生来の悪い癖で、それがいまの自分を生きづらくさせている要因にもなっているのだが、住職はそのことを受け流すかのように破顔して言った。

「いやぁ、そうなんですよ。最寄りの駅から歩いて1分足らずほどですから、にぎわいのある参道もありません。そして、ご覧のとおり、立派な建物やお庭もありません」と言って、目を糸のように細くして笑った。その顔を見て、僕は蒸し器から湯気とともに取り出されたばかりの肉まんじゅうを連想していた。

「えーっと……、日本には、何百年という歴史があるお寺が多くあります。でも、その何百年をさかのぼれば、どのお寺にも必ず最初の1年目があるはずです」

住職は沈黙を埋めるかのように語りはじめた。

「なごみ庵にとっての〝1年目〟は、18年前のことでした。その後、地道に活動を続けていくうち、宗教法人に認可されたのが5年前のことです。

ですからなごみ庵は、日本のお寺のなかでも最新のお寺と言うこともできますが、むしろ、歴史がはじまったばかりのひよっこのお寺ということになります。どうぞお見知りおき、よろしくお願いします」

そう言って住職は、深々と頭を下げた。

ここで断っておくが、僕は仏教の信者ではない。ましてや、この世で悟りをひらいたというブッダの教義に興味を持っていたわけもなく、浄土真宗の宗祖、親鸞《しんらん》に対してとりわけ知識があったわけでもない。

僕がなごみ庵を訪ねたのは、住職が主宰しているワークショップ「死の体験旅行」に興味を持ったからだ。

それについて、住職はこんなことを言った。

『死の体験旅行』には、とくにこれといった参加資格はありません。もちろん、仏教に対する興味のある・なしも問いません。

参加される動機は、人それぞれです。

単に『おもしろそう』という理由で、演劇やテーマパークのアトラクションを楽しむかのように参加される方もいらっしゃれば、親しい方を亡くされて、『亡くなった人の気持ちを知りたい』と願って参加される方もいます。

また、最近ブームになっている終活の一環として参加したという方や、転職や結婚など、人生の大事な選択を前に迷いを感じている方が、なにかのヒントを求めて参加されるケースもありますね」

◆　◆　◆

住職によれば、第1回目の「死の体験旅行」を開催したのは約11年前のことで、これまで約5000人が参加しているという。

まず参加者は、20枚の名刺大のカードに、自分のまわりにある大切なヒト（人物）、モノ（所有物）、コト（思い出）、ユメ（行為、目標）といった項目に分けたキーワードを書き出すところからはじまる。

それについて、住職はこんな説明をはじめた。

「家族や親友、愛するペットのような生きているモノの場合もあるでしょうし、大切な人からもらった物や思い出が詰まった記念の品などが思い当たるかもしれません。

そういった形あるモノだけでなく、旅先で見た美しい光景だったり、故郷の風景を思い描く方もいるでしょうし、自分の人生において成し遂げたいと心に秘めている夢や目標がわき出してくる方もいらっしゃるでしょう。

大切なモノ・コトを書き出すのはワークショップの準備段階にすぎないのですが、ここですでに大事な気づきを得る方も少なくありません。それは、自分はこんなにも多くの大切なモノやコトなどに囲まれていたのか、という気づきです」

住職はそこで言葉を継いで、こう続けた。

「普段、生きているときには『あれがない、これが足りない、なんとかして手に入れなければ』と、私たちは遠い過去、狩猟生活をしていた時代の習性をなぞるかのように、日々なにかを求めて生きているものです。

しかし、立ち止まってじっくりと考えてみると、すでに多くの大切なものを得ていたことに気づくのです。なかには20枚では足りなくて、その時点で絞り込むのに苦労される方も少なくありません」

住職のその説明に対して、僕は率直な感想を述べた。

「大切なヒト、モノ、コト、ユメ……。残念ながら、僕は20枚のカードにすべてのキーワードを書き込むことすら難しいかもしれません。なぜならいまの僕は、生きること、人生のつらさに打ちひしがれていて、そこから逃れることしか考えていないのですから」

僕のこの告白についての住職の反応は、意外なものだった。

「そういう方も、多くいらっしゃいます。でも、とりあえずなんでもよいので書く、という姿勢で書いていただいています。

じつは、優先順位の上位に挙がっていなかったことが、『死』の体験を通じて順位が逆転する、ということもあるんです。これまでないがしろにしていたことが、『死』を前提とすることで重要であったことに気づかされる、とでも言えるでしょうか」

◆ ◆ ◆

「死の体験旅行」は、準備段階のカードの書き込みからはじまって、本編へと進んでいく。そこでは、進行役の住職がある物語を語っていくという。

「それほど複雑な物語ではありません。ある人が病にかかり、だんだんと死に近づいていくという筋立てです。

病気が進行して、避けられない事態に直面するなかで、いくつかのタイミングで『ここで手元のカードを手放してください』という指示が入ります。そのとき、目の前のカードを取捨選択していかなければなりません。

死にゆく者は、どれだけ大切なものであっても、それを持ち続けることはできません。現在、所有しているモノだけでなく、ヒトとの関係性を維持していくのは難しくなりますし、未来における夢や目標も変更せざるを得ません。最後には、自分が大切にしている思い出も手放さざるを得ないのです。そのように大切にしているものを『手放す』ことで『死』を実感していきます。

物語が進むにつれ、会場にはため息やすすり泣く声が静かに響くこともあります」


ここへ来て、僕は住職が最初に口にした言葉を再び聞くことになる。

「生きることは確かにつらいかもしれない。でも、人生の終着点である『死』を意識して見てみれば、その印象は180度、変わるはずです」

と——。

◆ ◆ ◆

住職のそこまでの説明を聞いていくうち、反発せずにはいられなかった。

僕はいきなり席を立ち上がって、こう叫んでいた。

「いまの僕には、大切なものをすべて捨てきる自信がありますよ！　住職の言うことが本当なら、僕は『生きているように見えて、じつは死んでいる』のではないですか！」

自分でも驚くくらい強い語気だったので、住職も多少面食らったのか、片方の手のひらをこちらに向けて「いえ、無理にとは言いません」と言った。

そして、優しげな口調で言葉を継いだ。

「『死の体験旅行』に興味を持っていただいたのも、ひとつのご縁でしょう。もしよろしければ、カードに大切なものを書き出すところからはじめてみませんか？」

だが、そのときの僕は、住職の優しい心遣いに甘える気にはなれなかった。動揺があまりに大きく、その場で心を鎮めるのはとうてい無理なことだと思ったのだ。

「申し訳ありません。今日はこれで失礼します」と言って、そそくさと帰り支度をして去っていく僕の後ろ姿を、おそらく住職は悲しそうな目で見つめていたことだろう……。

ある悩める青年の手記 ―その2―

それからどれだけの月日が流れたことだろうか。

僕は再び、なごみ庵の門を叩《たた》いていた。

その間、住職とは何度かメールのやりとりをした。

家に帰って我に返り、失礼な態度で席を立ってしまったことへの詫びからはじまって、いつしかありったけの悩みを打ち明ける人生相談メールのようなやりとりになっていった。

悩みの具体的な内容については、あまりに恥ずかしいことなので、ここには書かない。

ただ、住職は僕の悩みに対して、「こうすればよい、ああするのが正しい」とアドバイスするのではなく、僕の悩みに寄り添い、共感してくれたことが大きな慰めになったことは特記しておくべきだろう。

メールのやりとりを通じて僕は、住職が「自死・自殺に向き合う僧侶の会」という宗派を超えた僧侶の団体の共同代表をつとめ、自死で大切な人を亡くした遺族や、自死をしたいほどつらい思いをしている本人、自殺未遂を経験したことのある人などに寄り添う活動も行っていることを知った。

自死遺族のなかには、「なぜ自死を止められなかったのか」と自分を責めて必要以上に心を痛めたり、近所の人や親戚にも「事故」とか「急死」というかたちにして自死で亡くなったことを伏せているため、悲しみを誰とも共有できずに苦しんでいる人が少なくないという。

だから、毎年12月に行われる自死者追悼法要や、月1回行われている遺族の会「いのちの集い」には、多くの遺族たちが集まり、悼みのときを同じくする。「ここでしか泣けない」、「この日のために日々を暮らしている」という声もよく聞かれるという。

僕がもっとも興味を惹かれたのは、「自死の問い・お坊さんとの往復書簡」という活動だ。自死に関する相談や質問を手紙で受けつけ、担当する僧侶がそれに答えるかたちをとっているという。

以下、住職のメールから、印象に残った言葉を拾ってみよう。

手紙という、いまの時代にはアナログな手段を用いているのは、悩みを文字にすることで気持ちの整理になるという利点があるからです。

文章を書いて、それをポストに投函するまでの間、その内容について思い返すこともあるでしょうし、返信が来るまでにもある程度の時間がかかります。

返信の手紙を書く僧侶は担当制で、同じ僧侶が往復書簡のかたちで手紙のやりとりをします。慣れないうちは先輩や仲間にチェックしてもらって、最後に手書きで清書したうえで返信しています。

手紙がくれば、それを受けた担当の僧侶は必ず返信の手紙を書きます。一往復で終わる場合もあれば、10回、20回とやりとりが続くこともあります。私の場合、最多で50回ほどやりとりしたことがあります。

そうなると、文面だけでなく、筆跡を見ただけで、「いまは気持ちが安定されているようだな」とか、「かなり切迫した様子だな、心配だ……」と感じるようになります。

私たちがとくに気を配っているのは、「その悩みはこうすれば解消します」という具合に安易な答えを提示するのではなく、相談者の方がどんな悩みを抱えているのかできるだけ具体的に聞き出すこと。カウンセリングでいう「傾聴」という行為を文字でやらなければならないのです。そこがとても難しい。

じつは、「おかげで悩みが消えました」と、きれいなかたちで卒業される方は、そう多くはありません。どちらかというと、何回目かに送られてくる手紙がフッと途切れて、「あの方はいま、どうされているのかな」と心配が残るケースのほうが多いです。

でも、私は多少なりとも意義があることだと信じて、この活動を続けています。

住職とのメールのやりとりから、このようなことがわかっていくにつれ、僕は複雑な心境になっていった。

もしかしたら僕は、住職が取り組んでいる意義ある活動の邪魔をする存在になっていないのか。

だとすれば、単なる甘えからはじまった住職とのメールのやりとりは、即刻中断すべきである。

そのためにも、途中で逃げ出してしまった「死の体験旅行」に真摯に向き合い、くよくよ思い悩んでいる自分の気持ちに決着をつけねばならない――。
そう思うに至ったのである。

◆　◆　◆

こうして迎えた「死の体験旅行」当日、勇んで出かけた僕を出迎えたのは、住宅街にひそむように立つ、なごみ庵の門だった。一度訪問していたにもかかわらず、どこか別の世界に迷い込んだかのように錯覚する佇まいだった。

この日の参加者は、僕を含めて定員いっぱいの7人。住職は受付で僕の顔を認めてにっこりと微笑んでくれたが、特別に声をかけるでもなく、ほかの参加者と同じように接してくれたのはありがたかった。

僕のほかに、なごみ庵の本堂には老若男女、さまざまな人が集まっていた。

日曜日の夕方ということもあって、僕と同年代らしき20代の女性はショッピング帰りか、パンパンにふくらんだアパレルブランドのロゴ入りエコバッグを手に提げていたし、ジャケット姿の中年男性は散歩の途中で立ち寄ったかのような風情で、スマホで周囲の様子をしきりに写真に撮っていた。

そのほかには40~50代と思われる女性、さらには僕の親よりも年上と思われる男女もいたが、数珠を手にした女性が1名いたのを除いて、宗教的な集いには見えないのが僕には印象的だった。

住職のブログに「配偶者や親きょうだいなど、親しい人と一緒に参加すると、本音を気兼ねなく発言することがはばかられることがあるので、おひとりで参加することをお勧めします」と書かれていたのを、みな読んでいたのかもしれない。お互い顔見知りだという参加者は、ひとりもいないようだった。

「それでは、『死の体験旅行』をはじめます」

住職のひと声でワークショップははじまった。

参加者の人数分だけ用意されたテーブルには、あらかじめ4色に分けられた20枚のカードが用意されていた。住職の案内とともに、ヒト(人物)、モノ(所有物)、コト(思い出)、ユメ(行為、目標)に分類された「大切にしているもの」「かけがえのないもの」「なくなると困るもの」を書き込んでゆくのだ。

初めて住職と会ったとき、その説明を聞いて、僕は20枚のカードに言葉を埋めることなんてできそうにないと感じた。その結果、情けないことに住職のもとから逃げ出してしまったのだが、今日は自ら進んでこのワークショップを受けに来たという気負いもあってか、あっという間に20枚のカードに言葉を書き終えていた。

ヒト	モノ	コト	ユメ
津田（親友）	お金	病室での 父との 最後の面会	生きた証しを 書き残す
亡き父	パソコン	津田との ケンカ	おいしいものを 食べる
母	手紙	バイト 最後の日	新しい趣味を 持つ
元恋人	実家	ドスト エフスキー 読了	やりがいのある 仕事と出会う
先生	メガネ	由比ガ浜の 夕陽	旅に出る （海外）

むしろモノのカードには、昔からコレクションしてきた大好きな「ゲームソフト」とか「服」とか「本」とか、そこそこ快適な一人暮らしをしている「賃貸アパート」など、まだまだ入れたいものもあったほどで、5枚のカードに絞るのに苦労したくらいだ。

同様にヒトのカードにも、「弟」を入れるか、それとも中学校時代の恩師である「先生」を入れるか迷ったが、弟だったら僕の選択を許してくれるだろう、弟もまた同じ選択を迫られたとき「兄」のカードを最初に除外するに違いないと思ったので採用しなかった。そんなふうに僕ら兄弟には、昔から「言わずもがな」のような信頼関係があったことを、カードに書かないことで再認識できた。

僕がそんな葛藤をしている間、住職が「無記入のカードがあっても構いません。なかには10枚くらいしか書けない方もいらっしゃいます」とフォローしていたのを聞いて、そんなものかと思ったりしていた。

◆ ◆ ◆

さて、そうこうするうち、「死の体験旅行」の本編がはじまった。

病を得て、その病が高じ、だんだんと生活の自由を奪われていく人物のストーリーが住職の口から語られるなか、「ここでカードを手放してください」という指示のもと、目の前のカードの取捨選択をしていくのだ。

主人公は原因不明の体調不良になり、病院で検査を受けて、それが厄介な病気であることを宣告される。

ストーリーの序盤では、「ここでカードを1枚、手放してください」と言われても、取捨選択に悩むことはなかった。

無記入のカードがあれば、そのカードから手放していけばいいのだからもっと楽だっただろうが、20枚のカードを取捨選択していく作業は意外にもスムーズに進んでいった。

モノのカードのなかの「メガネ」について、僕は極度の近眼なので決して最後まで手放さないだろうと思っていた。朝にメガネのフレームが壊れた日、セロハンテープで補強したメガネでバイトをしたときは、なんとも心細い思いがしたものだ。

だが、住職が語るストーリーのなかで、主人公が病の進行に抵抗できなくなった段階で「メガネ」のカードをあっさりと手放していた。これまで執筆した散文や短編小説のデータが入った「パソコン」をともに手放したことで、「メガネ」の必要性は急激に薄れたのだ。

モノのカードのなかで最後まで残ったのは、恩師や親友らと交わした「手紙」だった。「実家」や「お金」のカードの優先順位は、自分で思っていた以上に高くなかった。

コトのカード、ユメのカードの取捨選択には、手放すことに抵抗のないものと、容易に捨てられないものがあった。

「ドストエフスキー読了」は、高校時代に達成した僕の精神史でもかつては重要な出来事だったが、それはすでに過去のものとして心のなかで昇華されていたし、自転車での関東一周旅行で見た「由比《ゆい》ガ浜《はま》の夕陽」の情景も、重い病身ならば、かえってつらい思い出になるのではないかと思い、手放してもいいと思った。

だが、「病室での父との最後の面会」、「津田とのケンカ」、「バイト最後の日」の3枚は違った。

この3つの記憶は、大切にしている記憶を5枚のカードに書く作業を求められるなかで、ふと浮かんだ、なにげない記憶の一部だった。

だが、こうして改めてカードに書いてみると、自分の人生に大きく影響を及ぼした3場面であることを強く認識し、最後のほうまで手放すのに悩みに悩んだのである。

ユメのカードでは、「生きた証しを書き残す」以外の4枚を心の順番どおりに最初のほうから手放していった。たしか、「おいしいものを食べる」、「新しい趣味を持つ」、「やりがいのある仕事と出会う」、「旅に出る（海外）」という順番だったと思う。

◆ ◆ ◆

ストーリーが進み、病にかかった主人公が入院生活に入り、それまでの日常生活で過ごしていた自由の半分以上を失われた段階に至るころになると、目の前のカードは半分くらいになっていた。

そこからさらに、「カードを手放してください」という指示が続くのだが、周囲には鼻をすする音がしたり、ハンカチを目に当てる気配を感じたりして、僕自身の心も次第に動揺していった。

治療の手立てがなく、最後に主人公はどのように死を迎えるかの選択を強いられる。別の病院に移って異なる治療に挑戦するのか、ホスピス病棟に移って苦痛を最小限に抑えた環境で死を迎えるのか、それとも家族や周囲のサポートに頼って住み慣れた自宅で死を受け入れるのか——。

そのとき、目の前のカードは4枚になっていた。

親友と言い争いになった挙げ句、彼が真に僕のためを思っていることを知ったときの「津田とのケンカ」、なかば逃げ出すようなかたちで辞めようとしたバイト先で店長から親身なメッセージを受けた「バイト最後の日」、病気で痩せ衰えた父と会話した「病室での父」のコトの3枚。

そして、ユメのカード の「生きた証しを書き残す」の1枚である。

住職が語るストーリーの最後には、主人公の臨終の場面が語られる。もはやなにも見えず、なにも感じられず、死を受け入れるしかない状況のなか、静かに死を迎えるのである。

そのとき、僕が感じたことは——。

ある悩める青年の手記 ―その3―

「死の体験旅行」のワークショップに参加して、数週間はそのときの経験を思い返す日々が続いた。

住職が語るストーリーに従って「大切なもの」を手放したときの僕自身の心の葛藤、そして、その後の参加者たちと住職との対話によるシェアリングでの出来事をつねに思い出しながらの日々である。

日を追うごとに、僕の印象が強くなったのは、後半のシェアリングの場面である。

たとえば、買い物帰りらしい、エコバッグを抱えた若い女性は、こんなことを言っていた。

「私はコトのカードのなかに『大会で優勝したとき』というのと、『部活の練習』という2枚のカードがあったんですけど、どちらかのカードを選ばねばならないとなったとき、手放したのは『大会で優勝したとき』のほうでした」

そのとき、笑顔でその話を聞いていた住職は、「優勝という結果よりも、そこに向けての苦しい練習のほうが、より印象的だったということですね。じつは喜びと同じくらい、そこに至るまでの道のりも大切だったのですね」と語った。さらには住職が「かつてこの『死の体験旅行』に参加した方は、『生きていくってことは、最後まで捨てられないカードをどれだけ増やすかってことなんですね』とおっしゃいました。私もそのとおりだと思います」と言っていたことを思い出し、楽しいことが少ない人生なんて意味がないと思っていた自分の気持ちに変化が生じるのを感じていた。

そのほかに印象的だったのは、参加者同士がお互い、知らない者同士という関係性からか、自分の境遇を正直に（というか気安い雰囲気のなかでポロッと）告白する場面が見られたことだ。

スマホでしきりに写真を撮っていたジャケット姿の中年男性は、こんなことを言った。

「私は離婚を経験しているので、息子や娘と気軽に会える機会は限られた日しかありません。いまは新しいパートナーもいるうえに両親も兄弟も健在で、さらに子どもは3人いるので、ヒトのカードにどの名前を書くかは非常に悩みました。ただ、取捨選択をしてからは、選ばれた子どもの名前を書いたカードを手放すのには、それほど抵抗を感じませんでした。彼ら、彼女らには、それぞれの人生があるのです。私がその人生に関与できる機会が限られているなら、私は、私が自分の人生を豊かにするために生きる道を選んでもいいのではないかと思いました」

独身の僕には、その言葉がじつに新鮮に感じられた。

もし、自分が結婚して、子どもを持ったとき、はたして僕はどんなことを感じるのだろう？

年配の参加者のなかにも、印象的な人がいた。
それは、両耳の周囲に微かに白髪が残る光沢をおびた禿頭《とくとう》を光らせた、背筋のピンと伸びたカクシャクとした老翁だった。

「私は最近、周囲の薦めもあって『終活』なるものをやって、自分の人生を見直す時期に来ていることを自覚してこの会に出席しました。子どもたちの利益になる財産の分配を決めた遺言書を作りました。だから、いまはそれ以外のガラクタを処分している毎日です。モノのカードに対する執着は、まったくもってありませんでした。ヒトのカードについても、すでに故人になった人も多くて、いまの自分にとって、大切な人はそんなに多くはいません。また、未来に向けたユメについてもできることは限られていますので、さばさばと手放すことができました」

老翁はそこで、くしゃっと顔をゆがめてこう言った。

「もう、私の人生は終盤に差しかかっているのです。そんな私にとって、コトのカードを手放すことは、とても忍びがたいことなんですよ。いまの私には、過去の思い出が唯一の財産なのです」

「死の体験旅行」の参加者の、そうしたさまざまな言葉に影響を受けて、僕の心は千々に乱れていたのである。

ある悩める青年の手記 ―その4―

あれからさらに数週間の月日が流れた。
「死の体験旅行」の記憶もさすがに薄れ、住職とのやりとりも途絶えていたが、決して忘れたわけではなかった。ふとした隙に、あのとき自分が感じたことや住職の言葉が浮かんでくることがある。

たとえば、住職が「自死・自殺に向き合う僧侶の会」での活動のなかで、自死について悩んだり、自殺した人の遺族に寄り添う書簡活動についてメールで説明した一文を思い出すことがある。

きれいなかたちで卒業される方は、そう多くはありません。どちらかというと、何回目かに送られてくる手紙がフッと途切れて、「あの方はいま、どうされているのかな」と心配が残るケースのほうが多いです。

その一文を思い出すとき、もしかすると僕も、住職の心に心配の種を与える人物の一員になってしまったのではないかと、切ない気持ちになったりするのだ。

住職との偶然の出会いを果たしたのは、そんなある日のことだった。
あれは、美容室で髪を切ってもらった日の帰り道、いつも立ち寄る書店に入ったときのことだった。新刊コーナーをまわったあと、足は自然に宗教書のコーナーに向いていた。

すると、住職が広辞苑ほどの厚さの書物を、重そうな様子で両手に抱えて立ち読みしている場面に出くわしたのだ。書籍がズラリと並んだ風景に、住職の僧衣姿はアンバランスに思えて、思わず二度見をしてしまった。

人間関係の機微にうとい僕は、こんなふうに思わぬ場所で知り合いにバッタリ出会っても、声をかけずにその場を避けてしまうのが常だったが、なぜかそのときは違った。

なんと大胆にも「お久しぶりです」と住職に話しかけ、自分の名を名乗っていたのだ。

住職は一瞬、目を見開いて驚いたが、僕の顔を見ると、いつもの穏やかな笑顔を見せた。

◆ ◆ ◆

数分後、僕と住職は、書店に併設されたカフェのテーブルをはさんで、向き合っていた。

「美容室帰りでしたか。どうりでサッパリとした印象になって、見違えました。お名前を聞くまで、あなただと気づきませんでした」

「住職は、いつも頭はご自分で手入れされているんですか？」

「はい。3日に一度、自分でカミソリを当てています。浄土真宗の僧侶は剃髪の義務はないんですけど、学生時代にスポーツをしていましたので、もともと短髪が好きだったんです」

そこで、僧侶になってしばらくしたころ、なかば衝動的に頭を丸めたのだという。それから20年、理髪店や美容室には一歩も足を踏み入れたことがないのだと言って、住職は破顔した。

話はそれから自分たちの近況に移っていったが、やはり、最終的には「死の体験旅行」の話に収斂《しゅうれん》していったのは、自然な流れだった。

僕は以前から、住職に聞きたいことがあったのだ。

「『死の体験旅行』は、どういうきっかけではじまったのですか？」

おそらく住職は、多くの人にそう聞かれてきたはずで、それについての答えは、あらかじめ頭のなかにできあがっていたはずだ。

だが、住職はその質問にすぐに答えるわけではなく、少し考えた末にこう切り出した。

「私が僧侶になって2年が過ぎたころでした。ある日突然、父が亡くなったんです。僧侶は立場上、法事や葬儀などで人の死に関わることが多いのですが、自分の親という近しい身内の死を経験したのは初めてのことでした。しかも、病気で長患いしての死ではなく、なんの前触れもない心不全での突然死でしたので、戸惑いや衝撃、それから深い悲しみを感じました」

住職のその告白を聞いて、僕は「死の体験旅行」を受けたとき、最後の4枚のなかに「病室での父」のカードが残ったことを思い出した。

僕の父の死因は、がんだった。父とはひょんなことから仲違いして、疎遠になっていたのだが、「もう父とは会えなくなるかもしれないから」という家族の説得を受けて、半年の闘病生活の間、何度か病室を訪ねる機会があった。

親子といえど、男同士だからスムーズに会話ができたとは言えなかったが、父が僕の幸せを願っているということは理解できたし、僕もこれまで育ててくれた父への感謝の気持ちを伝えることができたと思う。だからこそ、ワークショップでも「病室での父」というカードを最後のほうまで手放せなかったのだ。

もし、父が僕と仲違いしたまま、事故死や突然死などでいきなりいなくなったりしていたら、僕はずっと父にわだかまりの気持ちを持ったまま、生き続けなければならなかっただろう。

そう思うと、突然の父の死に遭遇したという住職の悲しみが理解できるような気がした。

「住職にとって、さぞ悲しい出来事だったんでしょうね」
と僕が言うと、住職は笑顔に翳《かげ》りを宿して、こう言った。
「悲しいことは悲しいんですが、そんな言葉だけでは言い表せないような気持ちでした。父の葬儀は、私の師匠のはからいで、導師という先導役を私がつとめました。ところが、なんとか無事に葬儀を終えてからも、父が死んだという事実を心の底では受け入れきれていない自分がいたんです。その証拠に、一周忌を過ぎるまで、仏壇の父の遺影に手を合わせることができませんでした。手を合わせてしまえば、私は父の死を認めたことになってしまう。そんなことができるはずがないと、1年の間、ずっと葛藤していました」

僕には、住職の気持ちがよく理解できるような気がした。身近な人の死は、容易に受け入れることができるようなものではないのだ。

僕の表情が翳ったのを察してか、住職は次のように話を続けた。

「そんな私が父の死を受け入れることができたのは、父の三回忌の法要を済ませたあとのことでした。ちょうどそのころ、携帯電話の機種変更をすることになり、連絡先のデータのバックアップをすることにしたんです。もう長らく交流のない人のデータは消去しようと、連絡先を一件一件見ていったとき、父の電話番号が表示されて、思わず手を止めました。この番号を呼び出したとして、父が電話口に出ることはあり得ない。だからといって、ためらいなく父のデータを消去するには抵抗がありました」

そう言って住職は、そのときの自身の気持ちを思い出すかのように、斜め前方の中空に目を据えて、こう言ったのだった。

「だけどそのとき、もう消してもいいんじゃないか、という思いがフッとわいてきたんです。三回忌を終えたからという理由だけでなく、もう父は私が生きている世界から遠く離れた存在になっているんだということを、頭だけじゃなく心が実感したんでしょう。それで、父の連絡先のデータを消去することにしました」

住職の告白に心を動かされた僕は、その後、なんと言っていいのかわからなくなってしまった。

するとと住職は、そんな僕の動揺を察するかのように穏やかな笑顔に戻って、このように言葉を続けたのだった。

◆ ◆ ◆

「でもね、父の死は悪いことばかりじゃなかったんです。悲しくはあったんですが、僧侶としてのつとめである葬儀や法事を、よりいっそう、心を込めることができるきっかけになりました。他人ごとではなく、自分ごととして捉えられるようになったんです。ところが人間というのは不思議なもので、時間がたつとだんだんその悲しみが薄れていく。思い出そうとしても、記憶の奥底に仕舞い込まれてしまったかのように、うっすらとしか再現できなくなってしまったのです」

そこで住職は、父の死に直面したときのような気持ちをもう一度、我が身に体験したいという心境がムクムクとふくらんでいったのだという。

「そんなとき、ある書物で、欧米でホスピスなどの終末期医療施設で働く人たちに向けて、死を客観的にではなく主観的に体験することで患者さんへの接し方を考え直そうとするワークショップがあることを知ったのです――」

◆ ◆ ◆

「仲間の僧侶の数人と一緒に受けたんですが、私は途中から号泣していました。自制しようと思っても、涙が次から次へとこぼれ落ちていきました」

「そ、そうだったんですか……」

と絶句して、僕は言葉をつまらせてしまったのだが、住職は説明を続けた。

「後日、一緒に体験した仲間がブログに体験記を公開すると、『私も体験したい』という声が多く寄せられるようになったのです。それが知り合いの僧侶だけでなく、面識のない方も多かったのには意外な思いがしました」

医療従事者や僧侶などはいざ知らず、「死」は一般の人にとって、できれば考えずに遠ざけておきたいもの、不吉で怖いものであるはずだ。

にもかかわらず、「死」への興味を感じている人がとても多いことに住職は驚かされたという。

「そこで、それだけ多くの人が望むのならばと、一般向けのワークショップとしてアレンジし、『死の体験旅行』としてスタートすることになったのです」

◆　◆　◆

ここまでの話を聞いて、僕の頭のなかに大きな疑問符が浮かんでいた。
それは、そこまでして「父の死の記憶を取り戻したい」と願った住職とお父さんとの関係は、どのようなものだったのかということ。
それに対する住職の答えは、次のようなものだった。

「私は遅くにできた子どもだったのでかわいがられたんですが、父は仕事で不在な時期も多かったので、少し心の距離感もあった気がします」

話を聞くほどに、住職のお父さんという人は、とても豪快な人だったということが伝わってきた。さまざまな事業を成功させて、全国各地を飛びまわって大活躍していたのだという。

「父は昭和ヒトケタ生まれでしたが、世代的には団塊ジュニアになる私は、就職氷河期の突風をもろに食らって就職活動では惨敗続きでした。教職員になるという夢はかなわず、不動産営業や自販機のルートセールスなど、身に合わない会社を渡り歩くなか、『うちのお寺で働いてみない？』という縁をいただいて僧侶になる道を選んだのです」

お坊さんというと、お寺の子に生まれた人がなるケースがほとんどだというう話を聞いたことがある。たまたまの縁だったとしても、僧侶へ転身するにはかなりの決意が必要だったろうし、周囲の反対もあったのではないか。

「いえ、家族はおおむね賛成してくれたのですが、意外だったのは父です。わりと独特な考え方をするので、きっと反対されるんじゃないかと思っていましたが、全面的に賛成してくれたんです。話を聞くと、ご先祖さまに和歌山のお寺で住職をしていた方がいたそうで、『この家系に再び坊さんが出るのはめでたいことじゃないか』と喜んでくれました。また、『総理大臣のようなお偉いさんも、葬儀に出席すれば経をよむ坊さんの尻に従って手を合わすしかない。立派な仕事じゃないか』と、父らしいユニークな理屈で私を励ましてくれたことは、いまでも忘れられません」

住職にとってお父さんは、かけがえのない人だったのだ。

住職はそこで、仏教の例えを持ち出してこんな話をした。

「仏教には『善知識《ぜんちしき》』という言葉があります。直接の意味は、善き友、真の友人という意味になりますが、仏教では正しい道理を教え、正しい道に導いてくれる人や出来事を指してそう言います。

華厳経《けごんきょう》というお経には、善財童子《ぜんざいどうじ》という在家信者の金持ちのボンボンが、53人の善知識を訪ねて悟りをひらく物語が描かれています。東海道五十三次のルーツになった、有名なエピソードですね。

私はまだまだ未熟者ですが、父の死が私にとって善知識の役割を果たしてくれたことは間違いありません。父は身をもって私に教えてくれたのです。人は、つねに『死』とともにあるのだということ。『死』を考えることは、『生きる』ことを考えるのに等しいことなのだということを」

いつの間にか、カフェの窓の向こうの景色は、とっぷりと暮れた夜になっていた。街灯のとぼしい光が灯されているだけで、さっきまで見えていた街路樹やビル、人の流れなどの姿は、寂しげな暗闇に飲み込まれてしまったかのようだった。

だが、僕の心の目には、強く輝く光の点が見えていた。そして、その光は、僕が正しい道へと進むことができるように、ポツン、ポツンと行き先を示してくれているのだ。

僕は姿勢を正し、住職に向かって「長い間、僕に付き合ってくださって、ありがとうございます」と言い、テーブルに手をついて深々と頭を下げた。そうせずにはいられなかった。僕のために時間を惜しまず寄り添い、親身になって話をしてくれたことへの感謝で心がいっぱいになっていた。

住職は、そんな僕の仰々しい態度に驚いた様子だったが、すぐにいつもの笑顔に戻ってこう言った。

「ここでお会いしたのもひとつのご縁。カードはありませんが、一歩踏み出された様子のあなたにお尋ねしましょう――」

もし明日が
来ないとしたら、
あなたはなにを
後悔すると思いますか？

これまでの人生を
思い返してみて、
「大切なもの」のカードに
なにを書きますか？

死を前にして、
カードを手放さねば
ならないとき、
最後まで残るカードには、
どんな言葉が
書かれているでしょうか？

あなたの「大切なもの」を
書き込んでみてください

ヒト	モノ	コト	ユメ

第 2 部

「死の体験旅行」を経て

ごあいさつ

みなさん、はじめまして。ごあいさつが遅くなり、失礼をいたしました。浄土真宗・倶生山《ぐしょうさん》 慈陽院《じようういん》 なごみ庵の住職、浦上哲也《うらかみてつや》と申します。

私が住職をつとめるなごみ庵が開所したのは、2006年のこと。その13年後の2019年5月7日には、全国で令和初の宗教法人に認可されました。ですから、なごみ庵は日本のお寺のなかでもかなり新しい、芽吹いたばかりの小さなお寺と言えるでしょう。

私はこのなごみ庵で「死の体験旅行」というワークショップを開催しています。

すでに第1部で紹介していますが、改めてどういったものなのかを説明いたします。

まず参加者は、自分のまわりにある大切なヒト（人物）、モノ（所有物）、コト（思い出）、ユメ（行為、目標）をカードに書き出すところからはじまります。

大切な人からもらった物や思い出が詰まった記念の品といった形あるモノだけでなく、旅先で見た美しい光景だったり、故郷の風景を思い描く方もいるでしょうし、自分の人生において成し遂げたいと心に秘めている夢や目標がわき出してくる方もいらっしゃるでしょう。

大切なモノ・コトをカードに書き出すのは準備段階にすぎないのですが、ここですでに大事な気づきを得る方も少なくありません。それは、自分はこんなにも多くの大切なモノやコトに囲まれていたのか、という気づきです。

普段、生きているときには「あれがない、これが足りない、なんとかして手に入れなければ」と、日々なにかを求めて生きています。

しかし、立ち止まってじっくりと考えてみると、すでに多くの大切なものを得ていたことに気づくのです。

「死の体験旅行」の本編では、第1部に登場した悩める青年が体験したように、進行役の私がある物語を語ります。

ある人が病にかかり、病気が進行するなかで死に近づいていくというストーリーです。その合間には、「ここでカードを手放してください」という指示のもと、カードを取捨選択していかなければなりません。

死者は、どれだけ大切なものであっても死とともにそれを所有し続けることはできません。つまり、大切にしているものを「手放す」ことで「死」が実感されるのです。

「死の体験旅行」の後半30分では「シェアリング」ということを行うのですが、これは、本編以上に重要な部分です。どのカードを手放したときにつらく感じたか、どのカードを最後まで持っていたかなど、あれこれ語り合うのです。

そこで語られる感想は、三者三様、じつにさまざまです。

「大切なものを手放すというのが、こんなにつらいとは思わなかった」という人もいれば、「これまでないがしろにしてきたものが大切なものだったことに改めて気づいた」と語る人もいらっしゃいます。

本編で涙を流していた人も、このシェアリングを通じて晴れやかな表情を見せてくれることが多いのです。

今回、本書を執筆するにあたり、まず思ったことは、みなさんにも「死の体験旅行」を体験していただきたいということでした。

そのため第1部では、実際に体験いただいたような感覚を得て、「大切なもの」について考えていただこうと、「死の体験旅行」を受けに来る青年の物語をご用意させていただきました。

物語を読み終えたいま、あなたなら「大切なもの」のカードになにを書きますか？

最後まで残るカードは、なんだと思いますか？

そのようなことを想像していただきながら、ここからの第2部は、実際に参加してくださった方々のエピソードをご紹介していきます。

「死の体験旅行」でいうところの、シェアリングの時間だと考えてください。あなたと似た境遇の方や、周囲の人と重なるエピソードもあるかもしれません。「自分だったらどうするだろう」「あの人はどう考えるだろう」と想像しながら読み進めてみてください。

そして各エピソードの最後には、私から「おとりつぎ」としてひと言、書かせていただいております。

「おとりつぎ」とは、「説教」のことを浄土真宗の特徴的な言い回しで表現したものです。

説教というと、厳しい父親やうるさい上司を思い浮かべ、うんざりする人もいるかもしれませんが、もともとは仏教用語で、文字どおりお釈迦さまや僧侶が「教えを説く」ことを表します。

浄土真宗の僧侶は、教えを説く高邁《こうまい》な立場ではなく、一歩先に仏教に触れただけの凡夫《ぼんぶ》である、という考え方をします。ですので「教えを説く」のではなく、先に知ったことを後進に橋渡しをするという意味で「おとりつぎ」と呼ぶようになりました。

さまざまな方が悩み苦しんで導き出した選択と「おとりつぎ」をお読みいただき、思いを巡らせながら、あなた自身の「人生の優先順位」について考えるヒントになれば幸いです。

それでは、第2部をはじめましょう。

カード
1

あなたにとって
いちばん大切なのは、
本当に家族でしょうか？

「死の体験旅行」では、なにが自分にとって大切なものなのかに気づいたり、あるいは大切だと思っていたものが意外と重要度が低かったことに気づかされたり、多くの人にとって新鮮な発見が得られることがあります。

大切な人やモノやコトを書いたカードを、物語が進むとともに悩みながら手放していきます。なにを手放し、なにを残すのか、そこに正解はありませんし、違うタイミングで受ければ変化も生じます。1日ずれただけで、人生でもっとも大切なものが変わり得るのです。

そうはいっても、なにが残りやすいかの傾向はあります。やはり、最後のほうに残りやすいもの、また最後のひとつに残りやすいものは「人」であることが大多数です。

なかでも最後の1枚が「母親」になることは、そう珍しいことではありません。というより、おそらくもっとも多いのが「母親」ではないかと思いますす。父親も母親も大事な親であることに違いはないのでしょうが、自分を産み育んでくれた存在ということで、ギリギリの選択では「母」となるのでしょう。

◆　◆　◆

「死の体験旅行」をはじめて間もないころ、印象的な感想を口にした若い女性がいました。

その方は20歳前後に見え、学生さんかな、それとも社会人になりたてかな、という初々しい雰囲気でした。平日夜の開催だったため仕事帰りの方も多かったのですが、彼女は服装やメイクの感じも少し華やかだったので、より印象に残ったのかもしれません。

本編を終え、最後のシェアリングで一人ひとりの感想に耳を傾けていました。彼女は「最後の1枚は、ママです」と言いました。

「死の体験旅行」の本編では、ある人が病にかかり、病気の進行とともに命を終えていくストーリーが語られます。そのストーリーのなかで自分が体調を崩している場面を想像したとき、幼いころに母に看病されたときの記憶などが脳裏に浮かぶのかもしれません。

そのときの受講者の多くは年代が若く、親が元気でいらっしゃる方が多いということもあったのだと思います。これが年配者向けの開催で、親が亡くなっている年代の方が受講すれば、また結果は違ってきます。

「最後の1枚は、ママです」と言った彼女は、さらに言葉を続けました。

「私はママととても仲がよくて、友だちみたいな親子なんです。ママのことが誰よりもいちばん大事だと思っていました。けれど最後の1枚のカードを見て、私はその大事な人に、自分の子どもが死ぬ姿を見せてしまっているという情景が目に浮かんだんです。ママがいちばん大事だと言いながら、それよりも自分のほうが大事だっていうエゴがあることに気がつきました」

私はその言葉を聞いて驚きました。

「私はママが大好きで、やっぱりいちばん大事でした」という言葉だけだったら、記憶に強くは残らなかったでしょう。しかし、そこから一歩も二歩も踏み込んだ自己認識の言葉にギャップを感じ、驚かされたのです。

おとりつぎ

「エゴ」は「自我」と訳されます。自我は誰にでも備わっているものですから、本来はいい・悪いというニュアンスを含まない言葉ですが、一般に言う「エゴ」は「自己中心的・利己的」という意味で使われます。彼女が口にした「エゴ」も、その意味で使われました。

一方、仏教では「自我を捨てて無我の境地に至れ」と説きます。現代ふうに言い換えると、「自分が持っている自己中心性に気づき、あらゆる苦悩の原因が自我に執着することであると知り、それを手放す努力をしなさい」という意味になります。

もちろんそう簡単に達成できることではありませんし、難しいことだからこそ仏教には多くの宗派があって、それぞれに自我を手放すためのメソッド（修行）があります。

一般の方は無我の境地に至ることまで考えないでしょうが、ときとして無我に近づいて心をラクにしたい、抱え込んでいるものを肩から下ろしてひと息つきたい。そう思って坐禅会や写経会に足を運ぶのではないでしょうか。

彼女は無我になったわけではなく、その手前の自我に気づいただけです。でも、「気づく」ことは「変わる」ことの入り口です。その後の彼女の生き方は、おのずと変化していったのではないかと思います。

この「死の体験旅行」をはじめて間もなかった私は、一見、仏教的な要素が色濃くない内容ではあっても、そこから得られる気づきは仏教的なものになり得るのだと悟りました。それまではある意味、状況に流されるように開催していたものが、「死の体験旅行」も仏教で説いている大切なことを伝える手段になるんだ、そう気づかされたのです。

彼女の言葉はきっと彼女自身を変え、また私をも変えてくれたのです。

優先順位の考え方

自分が普段考える「大切なもの」より、もっと「大切なもの」があるのかもしれません。

カード
2

その「しなければならないこと」は、あなたにとって「本当にしたいこと」ですか？

「死の体験旅行」で配られる20枚のカードには、自分の大切なものや人、思い出や目標などを書き込みます。それらを取捨選択していくのですから難しい判断を迫られるのですが、なかには自分が想像していなかったような進み方をする人もいます。

残り4枚のなかに想定外のカードが入っていた清水《しみず》さん（仮名）も、そのひとりです。

◆ ◆ ◆

20代の女性・清水さんは、物語の後半、残り4枚になったカードを改めてじっくり見つめ直しました。そしてそのうちの1枚「一人旅（知らないところへ）」に対して、「なぜこのカードが残るんだろう？」と、自分でも不思議に思う気持ちがわいてきたと言います。

清水さんは大学進学を機に故郷を離れ、都内で一人暮らしをはじめ、社会人になって数年がたっています。ときおり帰省をすると、母親とはお互いに近況報告をし合う仲のよさです。

じつはご両親は、清水さんが幼いころに離婚をされています。

母親はエネルギッシュな反面、病気がちで、入院や手術をすることも珍しくありません。清水さんは「死の体験旅行」のなかで病気になる疑似体験をし、母も病で苦しかっただろうと思いを馳せます。そして、そんな状態のなか、母が自分を懸命に育ててくれていたことにも気づかされたと言います。

だから自分にとってもっとも大切なのは母親で、きっと最後のカードも「母」になるだろう。そう思っていたものの、残り少ないカードに入っていた「一人旅」が気にかかります。そして最後の1枚になったのも、その「一人旅」だったのです。

「病気がちな母親と、あえて離れる時間が大切だと思っているのかもしれない。一緒にいる時間が長いと、母親の体調が悪いとき、どうしても自分の心もざわついてしまい、『どうしよう』と混乱するような気持ちもわき出てきてしまう。だから少し距離を置いて、母と一緒に気持ちが落ち込んでしまうことを避けたいと感じているから、『一人旅』が最後に残ったのではないか」と、あとになって清水さんは口にしてくれました。

清水さんが「死の体験旅行」を知ったのは、勤めている会社の日報でした。キャリアアップに詳しい、信頼する先輩社員がこのワークショップを受講したことを書いていて、ついつい怠けがちな自分にとってなにが大切かを内省したいと思ったのだそうです。

その期待どおり、自分のモチベーションの方向性がわかったと言います。自分の軸には強い好奇心があって、いろいろなところに行ったり食べたりしてみたいと思っているということ。さらには、自分にとっての「やらなきゃいけないこと」や「やりたいこと」がはっきりしたとも言います。

受講以前は、お世話になった人々や、とくに苦労して育ててくれた母に恩返しをしなくてはならないという気持ちが大きく、なかば義務のように感じていました。しかし受講後は、その思いは決して義務ではなく、恩のやりとりで築く関係性に幸せを感じている自分に気づいたのだそうです。

「恩返しは『やらなきゃいけないこと』から『やりたいこと』にアップデートされたんです」

そう、清水さんは口にしました。

同時に清水さんは、自分には目の前のことに集中しすぎてしまったり、大げさに言えば自分を「悲劇のヒロイン」のように見てしまったりする傾向があることに気づいたと言います。

「死の体験旅行」の経験によって、そうした自分の思考の癖を変えることができ、これからは自分の人生を少し俯瞰《ふかん》して見よう、自分に与えられた時間をどう使うかちゃんと考えよう。そう思えるようになったのだそうです。

おとりつぎ

チャップリンの言葉に、「人生は近くで見ると悲劇だが、遠くから見れば喜劇である」というものがあります。視野を狭めず、自分の人生を客観視するのが大切ですよ、という意味だと私は捉えています。

じつはこの考え方は、お釈迦さまの悟りに通ずるものだと思います。自分自身を含めたこの世のすべてを完全に客観視し続ける不断の営み。これが「悟り」というものの、ひとつの表現だと私は受け止めています。

◆　◆　◆

清水さんの話には、後日談があります。

清水さんは帰省した際、母親と「死の体験旅行」について話をしたそうです。「母」より「一人旅」のカードがあとに残ったことを母親はどんな気持ちで聞くのか、少し心配もあったそうですが、反応は予想と違うものでした。

「一人旅で見た景色は、自分でちゃんとつかんだ意識がすごく強い。だから大切なんだと思う」という娘の言葉に、「ずいぶんと大人になったんだね。自分で考えられるようになった証しだね」と、母親は喜んだ表情で応えたのだといいます。

母には母なりの、「娘にはこう生きてほしい」という思いがないわけではなかったようですが、そのとおりに進んでほしいとも思っていなかったのだそうです。だからこそ、娘が自分の手から離れ、人生の旅路を歩みはじめた姿を、ほんの少しの寂しさとともに喜んでくれたのではないでしょうか。

優先順位の考え方

「やらなきゃいけないこと」を「やりたいこと」にアップデートすれば、肩の力が抜けます。

カード
3

自分の子どもだけが大切、と決めつけていませんか？

お子さんがいらっしゃる方は、最後のカードに「子ども」と書かれることが多いです。子どもが複数いる場合、無理をして誰かひとりを選ばなければいけないということはないのですが、実際には「長男」「次男」などと記されたカードを前にして、とても悩まれる方が多いです。

◆ ◆ ◆

「私は自分に嘘をついている」と、50代の男性、島田《しまだ》さん（仮名）はシェアリングの場で口にしました。

その言葉に驚かされて、私はその理由を聞いてみました。

すると、島田さんは「ふたりの息子のうち、どちらかを選べなかった」と言い、数瞬ののちに「私は自分に嘘をついている」と言葉を繰り返したのです。

自分の内側を見つめながら考え込むような島田さんを見て、その場ではそれ以上お尋ねすることはできなかったのですが、深い興味を持った私は、後日詳しく話をお聞きすることにしました。

もちろん興味の対象は「自分についている嘘」という言葉の意味するところです。島田さんはその真意について、こう語りはじめました。

「自分が下す判断が恐ろしく、直視できないことから目をそらすため、格好いいことを言いました。しかし、心の奥底に本当のことがあり、それをごまかしていることに気がついたので『嘘をついている』と申し上げました」

島田さんは物語の終盤、大切なふたりの息子のどちらかを選ばなくてはならない状況で、どう判断すればよいかと真剣に悩み考えたようです。そこで考え至ったのは、自分は必ずなんらかの判断を下すであろうということでした。ですので最初に口にした「ふたりの息子のうち、どちらかを選べなかった」ということが、自分についている嘘だったのです。

しかしその選択はあまりにつらく、判断を下さないために最初に自分がいなくなってしまえばよいのではないかとも考えました。でもそれは、残されたふたりの息子にさらにつらい思いをさせることになり、それが親として、はたしてよいことなのだろうかとも考えたそうです。

さらに思考は深まり、頭のなかで無理心中のようなシチュエーションを思い浮かべ、息子たちを道連れに自分が命を絶たねばならなくなったら、どちらを先に選ぶのだろうか。ひとりを殺《あや》め、もうひとりもと思ったときに、それが果たせなかった場合はどうなるのか。そのとき、自分はなにを思うのか。

「そこまで知りたい」と思ったのだそうです。

なぜそこまで突き詰めて考えるのか。

島田さんは、こう説明されました。

「知れば、そう考えた根拠について考えることができます。根拠と思考プロセスと原理がわかれば、対処方法がわかります。そうすれば、私はそれに対して恐怖を感じなくなります。なにが大切で、なにに縛られているのか。自分の思考プロセスを知れば、そこから自由になることができるのです」と。

おとりつぎ

島田さんの話を聞き、「正見《しょうけん》」という仏教の言葉が頭に浮かびました。

仏教の基本的な実践徳目に「八正道《はっしょうどう》」というものがあります。正しい考えや正しい言葉、正しい生き方などが説かれていますが、その八つの徳目の基礎になるものが「正見」、つまり正しく物ごとを見るということです。

最初のインプットが正しくなければ、その後の行為がいくら正しくても方向がずれてしまいます。ですので、正見がとくに大切だとされているのです。

究極の判断を迫られたときにどんな判断を下すのか。突き詰めた結果に目を背けず「正しく見て」、それをもとに考え、対処し、恐れを取り除く。島田さんご自身も気づいていないかもしれませんが、とても仏教的な考えやプロセスをなぞっているように思えました。

それと同時に、仏教が先祖供養や墓参りのためだけにあるのではなく、いまを生きる人の心の問題に対処し得る、2500年にわたって積み上げられてきた智慧《ちえ》なのだと改めて感じることができました。

「大切なもの」を手放すのは、つらい選択にほかなりません。ですから「死の体験旅行」のなかで本当につらそうにしている人には「最後の1枚まで選ぶ必要はありません。つらかったら、そこでストップしてください」と申し上げています。

これまで、最大で6枚のカードを残した方がいらっしゃいました。

◆　◆　◆

「死の体験旅行」には、ときどきリピーターがいらっしゃいます。

はじめた当初は「5年、10年たてば、再び来る方もいるかもしれないな」

と思っていたのですが、意外にももっと早くからリピーターがいらして、なかには転職や結婚、引っ越しなどの環境の変化を経験して2度目の受講を申し込まれる方や、「先月受けたんですが、動揺しすぎてしまったので、もう一度受けに来ました！」なんて方もいらっしゃいました。

ある仕事帰りらしきスーツ姿の40代前後の男性は、3カ月連続で申し込まれていました。これほど短い期間で申し込まれる方は初めてだったので、印象に残っています。

不思議なのは、その男性は、シェアリングで積極的に発言するでもなく、ほかの方の話に熱心に耳を傾けているのです。その方の申し込みが4回目になったところで、新型コロナウイルス感染拡大の影響で開催がしばらく中止になり、以来、その方の申し込みは途絶えました。

そのことを思い出すたび、私はこう思うのです。

あの方はいったい、なにを知りたかったのだろう、と。

優先順位の考え方

正しく物ごとを見るのは
難しい。
その結果を
見つめ続けるのは、
もっと難しい。

カード
4

いちばん大切なことを
無理に忘れようと
していませんか?

「死の体験旅行」で、カードに特定の人物を書かれる方が多いということは前述しましたが、それはなにも存命の方には限りません。すでに亡くなられている方のお名前をカードに書かれる方もいらっしゃいます。

しかし、その際に思うのは、大切な人の死を「乗り越えなければいけないもの」と気負いすぎてしまっている方がいらっしゃることです。

◆ ◆ ◆

以前に、仲間の僧侶に助けられた経験がありました。

毎年のゴールデンウィークに、都内の寺院などで、寺社フェス「向源《こうげん》」という大きなイベントが開催されていました。

最初は一寺院の音楽イベントに数十人の聴衆が集うものでしたが、年によっては大本山を全面的に借り切ったり、1万人を超える来場者があったり、ニコニコ超会議とコラボしたりと、仏教が関わる若者向けのイベントとしては最大級のものです。

この向源に「死の体験旅行」は初期のころから毎回携わっていて、そして毎回のように最初に予約が埋まってしまうものとして注目を集めることになりました。

2016年、日本橋の商業ビルで開催された向源で、私は例年のように数回のワークショップを受け持っていました。もともとあまり記憶力がよくないほうなのですが、向源では1日に複数回の開催があるので、よけいに人の顔と名前が覚えられません。しかし北海道からやってきた40代の女性、藤本《ふじもと》さん（仮名）のことは鮮明に記憶に残りました。

藤本さんが「死の体験旅行」を受けたとき、20枚のカードに書いた大切なもののうち、最後のカードになったのは16年前に亡くなった恋人でした。しかも、大切な存在として思ってはいたものの、彼の死はずっと以前に乗り越えられたと自分では感じていたのに、思いがけず最後の1枚になってしまったのです。

物語の最後、私が臨終を告げたときの気持ちは、「やっと死ねる、やっと会える」というもので、それはとても温かく、恐怖心はなかったそうです。そしてそのとき、自分は彼の死を乗り越えてなどいなかったと気づき、16年間積み重ねてきたものが一瞬で崩れるような思いを味わったのだそうです。

彼女は自分の気持ちに驚き、涙を流していました。その姿が心配で終了後に話しかけはしたのですが、次の回の準備があって充分に耳を傾けることができず、それが心残りでした。

ここで、思いがけず仲間の僧侶に助けられたのです。

向源ではさまざまなイベント・体験・講演などが行われていますが、人気コンテンツに「お坊さんと話そう」があります。文字どおり、普段接する機会のあまりないお坊さんと、ざっくばらんに会話し、あるいは真面目に相談もできるというものです。これが「死の体験旅行」と同じフロアで行われていて、藤本さんは導かれるように僧侶の前に座りました。

たったいま経験した「死の体験旅行」のこと、亡くなった彼への思い、気がついてしまった自分の気持ち……それらを、耳を傾けてくれる僧侶に話していきました。

悲しみや苦しみは、人と分かち合うと軽くなる。言い古された言葉ですが、藤本さんはそのとき、それを実感したのでしょう。もし「お坊さんと話そう」がなかったら、彼女の心を大きく揺さぶったまま、傷つけたままにしてしまっていたかもしれません。

わざわざ北海道から向源に来るぐらいですから、藤本さんは仏教好きです。さらには「死の体験旅行」の印象が強かったのか、より仏教に興味を深く抱いていきます。

彼女の言葉を借りると……、

「受講までの流れとタイミング、そして受講時にはすでに決まっていたその後の流れ、すべてにおいて、ご縁としか言いようがありません。仏さまとのご縁が深くなったということでしょうか」

という思いなのだそうです。

藤本さんは2年後、2回目の受講をすることになります。1回目と同じように、私が命の終わりを告げたとき、もっとも大切だと感じたのは、尊敬し、信頼する僧侶からいただいた念珠(数珠)だったそうです。前回もっとも大切だと感じた亡き彼は、念珠の次に大切だと感じた、と彼女は気負うことなく教えてくれました。

1回目までは、彼のことを乗り越えよう、忘れなきゃ、と思っていたのかもしれません。しかし結局、大切な人を忘れることなんてできない、悲しみを乗り越える必要もない、と気づかれたのではないかと思います。

また、2回目では彼の大切さが下がったのではなく、彼を含めてさまざまな縁が実ってできた仏さまとのご縁の象徴として、念珠がもっとも大切になった。言い換えると、彼も念珠に内包されているというお気持ちを抱かれたのでしょう。

藤本さんは、最後にこう言ってくれました。

「いつか自分が死んだときには、必ず彼に会える。阿弥陀さまがそう約束してくれている」

◆　◆　◆

話はそこから数年後の2022年の4月に飛びます。

「死の体験旅行」をはじめて9年ちょっとたったその日、受講者が4000人を超えたのです。

本当は8年ほどで4000人になりそうだと思っていたのですが、新型コロナウイルスの影響でしばらく開催ができなかったり、再開後は受講人数をぐっと減らしたりして、数の伸びは鈍化しました。

けれどこの「死の体験旅行」のおかげで、多くの方と本当に深くお話ができたことがなによりの収穫だなぁという感慨にひたっていたその翌日、藤本さんとの共通の知人から、彼女が病気で亡くなったことを知らされました。その方の話によると、生前の藤本さんは「『死の体験旅行』を2回受けておいて、本当によかった」とおっしゃっていたそうです。

その言葉の真意がなんだったのか、いまはもう確かめる術もありません。

ですが、命の問題を抱えた彼女にとって、このワークショップが多少なりとも力になったのであれば、それはとてもありがたく、うれしいことだと思いました。

いずれ私も同じ処に往くのですから、そのときに「どういう意味だったの？」とお聞きすることを楽しみにしています。

おとりつぎ

仏説無量寿経《ぶっせつむりょうじゅきょう》には「人、世間の愛欲の中に在りて、独り生れ、独り死し、独り去り、独り来る」と記されています。

「人は、断ちがたい欲望に満ちた世界に生きている。そこでは生まれるのも独り、死ぬのも独り、どんな境遇に至ろうとも、それを引き受けて生きるのは他ならぬこの身、独りである」という意味の言葉です。

また、原始仏教の経典スッタニパータには「犀《さい》の角《つの》のようにただ独り歩め」と書かれています。

インドのサイは群れではなく単独で行動することが知られていますので、「犀の角」という比喩は「孤独」という状態を表現しています。

このような表現をする背景には「人間の悩みは人間関係から起こる」とい

う考えがあります。つまり、悩みを生み出す原因が「人のつながり」にあるのなら、そこから一時的に離れて、我が道を進むことが心の成長につながるということです。

いずれの言葉にも真実があると思います。私たち人間は、どんなに愛する家族、どんなに親しい友がいようとも、生まれるとき、死するとき、独りなのです。でも、真実とはなんと厳しいものなのでしょうか。お釈迦さまならぬこの身では、受け止めることの難しい真実です。

だからこそ私たちは、なにか大きな存在にそばにいてほしい、と願うのではないでしょうか。

真言宗に「同行二《どうぎょうに》人《にん》」という言葉があります。四国の八十八箇所を巡るお遍路《へんろ》さんの浄衣《じょうえ》などに書かれていますが、これは「ひとりで歩いていても、つねに弘法大師《こうぼうだいし》 空海《くうかい》さまが一緒にいてくださる」という意味だそうです。お遍路さんたちは、「南《な》無《む》大師《だいし》遍照金剛《へんじょうこんごう》」と唱えながら歩くそうです。「大師」も

「遍照金剛」も空海さまのことで、その空海さまに「南無」とこころを寄せながら歩くのです。

浄土真宗でも、親鸞聖人《しょうにん》の御遺訓《ごゆいくん》と伝えられる『御臨末《ごりんまつ》の御書《ごしょ》』にこんな一節があります。

我が歳《とし》きはまりて、安養浄土《あんにょうじょうど》に還帰《げんき》すといふとも、
和歌《わか》の浦曲《うらわ》の片男浪《かたおなみ》の、寄せかけ寄せかけ帰らんに同じ。
一人居て喜ばは、二人と思ふべし、
二人居て喜ばは、三人と思ふべし。
その一人は親鸞なり。

これを意訳すると、次のようになります。
「私も極めて年をとり、間もなく極楽浄土に往くことになるだろう。
しかし浜辺に繰り返し繰り返し打ち寄せる波のように、私は還ってくる。

ひとりで喜んでいるときは、ふたりで喜んでいると思ってほしい。
ふたりで喜んでいるときは、3人で喜んでいると思ってほしい。
そのもうひとりは、この私、親鸞なのです」

この『御臨末の御書』、じつは後世の創作のようですが、親鸞聖人を慕う人々の気持ちがひしひしと感じられます。

私たちもやがて、大切な人を失い、大事なものを手放し、その代わりに寂しさを手にしながら人生を歩みます。しかしその寂しさは、その人やものを大切に思った証しです。打ち消す必要も、乗り越える必要もありません。そして、その寂しさを抱えた私を丸ごと、阿弥陀さまが救いとってくださるのです。

ですので、実際に親鸞聖人がおっしゃるとしたら、最後の一行は「そのひとりは、阿弥陀仏なり」となるのではないでしょうか。

優先順位の考え方

大切な人を忘れるなんて、
できっこない。
ならば、悲しみを
乗り越える必要なんて、
ないのです。

カード
5

今日までと
変わらない日々が、
明日からも続くと
思っていませんか？

「死の体験旅行」では「もし自分が余命を宣告されたら？」という設定のもとに「死」までの疑似体験をしていただきますが、なかには実際に余命宣告を受けるなど、「死」を強く意識するような体験をされたことがある方もいらっしゃいます。

そういった方々は、私にも想像できないような深い「気づき」を得られることもあるようです。

◆　◆　◆

「死の体験旅行」の参加者は、会場の都合もあり関東近郊の方が多いのですが、遠方からいらっしゃる方も少なくありません。

細身で背の高い50代の男性、緒方《おがた》さん（仮名）は、わざわざ新潟からいらしたとのことで、なにか思いがあっての参加なのだろうかと感じました。

その緒方さんは「死の体験旅行」の本編を終えたあとのシェアリングで、

「病気で死を身近に感じた、あのときの気持ちを取り戻したいと思って参加しました」と話しはじめ、私はもちろん、ほかの受講者たちも固唾を呑《の》んで続く言葉に耳を傾けたのです。

緒方さんは7年前にがん告知を受け、一時は「5年生存率」という言葉が出るほどの病状だったそうです。大変な闘病生活だったのでしょうが、その半面、自分の気持ちが澄みわたっていくのを感じたと言います。

その後、病状がよくなっていき、いまは再発もなく元気に過ごしているのだけれど、闘病中の澄んだ気持ちはどこかへ行ってしまった。そのときの気持ちを思い出したい、取り戻したいと思って「死の体験旅行」に参加を決め、遠路をいとわずおいでくださったのです。

緒方さんの言葉に感銘を受け、後日もっと詳しくお話をうかがいました。その言葉を、個人を特定しないよう配慮しつつお伝えしたいと思います。

7年前、脇の下に違和感を覚えて触れてみると、すでに片手でやっとつかめるほどの腫れを自覚しました。最初は軽い気持ちで近所の整形外科に行ったのですが、「総合病院に紹介状を書くので、そちらで検査をしてください」と言われ、そこでさまざまな検査を受けました。検査の結果が出るまで少しずつ不安が高まってきて、夜も眠れなくなってきましたが、それでもまだ「大丈夫、大丈夫」と自分に言い聞かせてその日を待ちました。

検査結果は「腫瘍」があるということ。ただし良性か悪性かまだわからないので、今度は大学病院に行くことになりました。妻とおそるおそる診察室に入ると、「まずは簡単な検査をしましょう」と、注射器を患部に刺して中身を抽出。すぐに結果が出るということで待合室に戻りました。

30分ほどたったあと、名前を呼ばれてもう一度診察室に入ると、そこには先ほどはいなかった白衣の若者が何人か立っていました。妻はこの光景を見た瞬間、結果がわかったそうです。大学病院なので、教育の一環として研修医を告知の場に立ち会わせたのでしょう。

主治医は低い声で「残念ながらよいものではありませんでした」と告げ、自分は整形外科医なので今後は血液内科の医師を紹介すると言います。私は思わず「先生、私は3カ月後に生きているのでしょうか？」と聞きました。進行の早いがんにかかった有名人が、3カ月で亡くなったことを思い出したのです。

先生の答えは、私を失望させるものでした。

「緒方さん、私だって3カ月後に生きているかはわかりませんよ」

そんな肩透かしを食らったような答えでさらに私は気落ちし、診察室を出たのでした。廊下に出ると妻が泣き出しました。私には泣く力さえ残っていませんでした。

その瞬間から私は「がん患者」になりました。いままで永遠に続くと錯覚していた人生の終わりが見えたのです。頭のなかに砂時計が浮かび、砂がサラサラと落ちていきます。自分の残り時間がどんどん減っていくような気がしました。未来がないということは希望が持てないということだと思いました。

お金や地位があっても命は救えないということは、その当時亡くなったアップル社のスティーブ・ジョブズの訃報で頭ではわかっていたつもりですが、自分がそうなってようやく実感できました。

最初こそ人に聞いてもらいたくて話をしましたが、そのうちやめました。相手が表面上のお見舞いを言うだけで、しょせん他人事と思っているのが手にとるようにわかったからです。

そして自分も以前はそうして人を傷つけてきたことを思い出し、自業自得だなと思いました。とくに悲しかったのは、私の話を最後まで聞かずに途中から自分の経験を話し出す人です。がんとは関係ないことを、「自分はこうやって乗り越えた、だからがんばれ！」と、なんだか自慢話を聞かされているようで、つらい経験でした。

がんになった瞬間、言葉が通じなくなったと思えたのもそんなときです。気持ちをわかってもらいたいのに、私の言葉は相手に通じない。まるで突然、異国に放り出されたようで、本当に心細かったです。人が大勢いればいるほど孤独を感じました。

でも、そんな私を助けてくれたのも、やはり人でした。ご自身ががんになった方。家族ががんになった方。医療の現場で日々がん患者を診ている方。こうした人たちは私と同じ「言語」で話してくれました。私はもとの言葉を話せなくなりましたが、彼らはバイリンガルだったのです。それがどんなに心強かったか。これらの人たちによって私は救われたのでした。

緒方さんをつらくさせたのも人の言葉ですが、しかし救ったのも人の言葉でした。それはなにかひと言の「魔法の言葉」などではなく、同種の苦しみを味わったり身近に感じたりした人だけが共感し合えるもの。もしかすると音声として発せられるものだけではなく、ただただそばにいてくれたり話を聞いてくれたりするような「空気感」だったのかもしれません。

一時は生存率に話が及ぶほどがんが進行していた緒方さん。幸い病状は回復し、再発もありませんが、しかし闘病中に感じた「澄みわたった気持ち」とはいったいなんだったのでしょうか。

それは、命の期限を眼前に突きつけられたことによって、よけいなことが頭から取り除かれ、純粋に「生きる」ことに目が向いた結果に生じた副産物だったのではないでしょうか。

私は緒方さんの話を聞きながら、ある詩を思い出していました。

北海道のお寺の奥さんで、幼稚園の園長もしていた鈴木《すずき》章子《あやこ》さんの「ヘドロ」という詩です。鈴木さんはお寺と幼稚園の仕事で忙しかったさなかの43歳でがんになり、闘病をしながらさまざまな詩を書き、そして47歳で亡くなられました。

ヘドロ

体力が回復するにつれ
こころに
ヘドロがまとわりついてきた
癌告知のあとの
あの数日間の
洗い流したような
われながら
サッパリとした
清涼なこころが

汚れてゆくのがわかる

（『癌告知のあとで　なんでもないことが、こんなにうれしい』鈴木章子　探究社）

この詩を緒方さんに紹介すると、こんな感想が返ってきました。

ヘドロがまとわりつく。

生々しい表現ですが、本当にそんな気がします。
闘病中は命と向き合いながら生きていたので、今日も一日過ごせたというだけで純粋にすべてに感謝する毎日でした。それが、健康になるのと反比例するように忘却のかなたへ遠のいていく。あんな貴重な体験を生かせないと思うと、反省しきりです。

おとりつぎ

私たちは数年前、新型コロナウイルスの猛威にさらされ、多くの人が死の恐怖を身近に感じていました。著名人が感染したり亡くなったりするニュースを見て、死について深く考えた方もいらっしゃったことでしょう。

現代の日本は医学も科学も進歩し、日常ではあまり「死」を身近に感じることはありません。しかし、コロナ禍を経たことで、死の気配はその濃さを増すこととなりました。

◆ ◆ ◆

「メメント・モリ」という言葉があります。

もともとはラテン語で「自分がいつか必ず死すべき身であることを忘れるな」という意味の言葉で、古代ローマの将軍が戦に勝って凱旋《がいせん》をしたとき、使用人に耳元でささやかせたという逸話があります。戦勝によって気分が高揚しているときこそ、冷静になって我が身を省みるための警句だったのでしょう。

日本にも「勝って兜《かぶと》の緒を締めよ」ということわざがありますが、通ずるものがあります。

もとの意味から派生して、死について考える、死について思う、といった使われ方もします。

私たちは生まれた瞬間から、片足どころか両足を棺桶に突っ込んでいますが、それを見ないよう、気づかないようにしながら暮らしています。

しかし「メメント・モリ」のような死にまつわる格言・箴言《しんげん》は数多くあり、それだけ死を見つめるのは大切なことなのだと古今東西で考えられていたのでしょう。

それと同時に、私たちが新型コロナウイルス騒動で味わった不安・恐怖・焦り・苛立《いらだ》ち・悲しみ・絶望などをなかったことにしてはいけないとも感じています。

緒方さんがそう受け止めているとおり、私たちは一見マイナスに思えるような事柄からもなにかを学び、そして成長することができるからです。

優先順位の考え方

「死」を前提に振り返って見てみると、それまでとは違った「生」のかたちが見えてきます。

カード
6

どんなときに「有り難さ」を感じますか？

「死の体験旅行」の受講理由はさまざまですが、あるヨガインストラクターの女性が受講された理由は、「自分の心の根底にはなにがあるのだろうか？」という疑問からでした。

「死の体験旅行」の過程では、「大事なものを手放す」という行為が大きなポイントとなりますが、逆に言えば、最後まで残ったものは、自分の基盤でもあると言えるのかもしれません。

◆
◆
◆

江東区のお寺で「死の体験旅行」を開催した際、ヨガの女性インストラクターである三浦《みうら》さん（仮名）が受講をしてくれました。ほかの多くのヨガインストラクターもそうであるように、彼女にとってのヨガは単なる仕事というだけではなく、自分自身の生き方に大きな影響を与えているようです。

また、ヨガに関わっている方は多かれ少なかれ、精神的な世界を大切にする方が多いように思いますが、彼女もまた心の奥底を見つめるような受け方をしてくれました。

三浦さんはヨガを学ぶなかで、「すべては安心と安全の上に成り立つ」ということを学んでいます。難しいヨガのポーズをとるとき、身体はもちろん心の根底に「安心と安全」があることで視野を広く保ち、また広げていくことができるのだそうです。

それによってゆとりが生まれ、さまざまな変化を受け止めやすくなり、また変化を認める覚悟を持ちやすくなる、とも言いました。

ヨガによって身体の根底は確立されつつあるけれど、では自分の心の根底にはなにがあるのだろうか？

それが、三浦さんが「死の体験旅行」を受けようと思った動機だったそうです。

「死の体験旅行」は、「私」の物語ではじまります。

「(私は) しばらく前からの体調不良があまりよくならず……」

「医師から、精密検査をしましょうと言われ、不安な気持ちが芽生えます……」

物語が進むにつれ、三浦さんが知りたかった心の根底に「あるだろう」と思っていたものが確信に変わり、はっきりと実感されるようになっていったそうです。

「その根底にあったものはなんだったのですか？」

私がそう尋ねると、三浦さんは「言葉にしにくいのですけれど」と前置きしつつ「愛情です」と口にしました。私は重ねて、「それは誰か特定の相手に対する愛情ですか？」と聞くと、「家族など特定の相手というよりは、もう少し広い範囲、いろいろな人からの愛情です」と答えたのです。

自分の根底にあるものが「愛情」であると確信すると、それは「感謝」という気持ちにも変わっていったのだそうです。そしてその思いは三浦さんのなかに継続し、以前よりも心地よい時間が増していったのだそうです。

それはきっと、自分の周囲に漫然とあった人やモノが、自分の周囲に「こそ」あってくれたのだ、という気づきだったのだと思います。

「当たり前」の反対語は「有り難う」だそうですが、自分が大切だと思う人やものは、自分の周囲にあって「当たり前」ではなく、「有ることが難しい」ことだったのだという視点の転換があったのでしょう。

「死の体験旅行」を受けた直後、多くの方がすがすがしい表情になったり、満ち足りた表情になったりします。その方々も同じように「死の体験旅行」の体験を通じ、自分を支えてくれている多くの人やものの「有り難さ」に気づいたのでしょう。

ただ、現代人にとって毎日インプットされる情報量は圧倒的で、せっかく感じた「有り難さ」を長続きさせることは至難の業のように思います。けれど三浦さんはヨガインストラクターだからこそ、日常的に自分の内面を見つめ、心に得た感覚を幾度も反芻《はんすう》することができ、心地よい時間が継続していったのでしょう。

その継続する気持ちは、思わぬところで彼女を支える根になりました。「死の体験旅行」を受けた翌年、彼女は若年性のがんを宣告されるのです。診断を受けたとき、三浦さんは自分の無力さや、なにも成し遂げていなかったことに気づき、全身の力が抜けていってしまったと言います。

また、治療を進めるうえで発症する可能性のあるさまざまな副作用の項目のなかに、抗がん剤や不安に支配される心の変化で、うつ病を発症するかもしれないとも書かれていたのだそうです。

しかし三浦さんは、「愛情と感謝」という自分の心の根を見つけていました。また病の宣告は、「死の体験旅行」のなかでの仮想体験とはいえ、一度受けています。その根と体験があったから、彼女は診断された現実を受け止めることや、これからどうすべきかという前向きな思考に結びつく心構えができ、結果としてうつ病を発症することはなかったのだそうです。

彼女はこんな言葉で、自身の体験を説明してくれました。

私が「死の体験旅行」で確信したものは、私の生きていくうえで自然とそこにあったもの、「根っこ」「基盤」でした。

病の宣告を受けて不安や恐怖を感じても、治療によって肉体が苦しくなっても、この根っこに気持ちが戻ると、心がぶれずに感謝を強く感じて、さらに恩返しをしたい気持ちになりました。この気持ちが、前向きな姿勢に結びついたのだと思います。

「死の体験旅行」は、本来持っている真実の自分に気づかせてくれるものだと思います。

真実の自分自身を知っていることは、人生の岐路で大いに役立ちます。人生の見方にも大きな影響があります。

私にとっての大きな岐路＝がんの診断をされたとき、この経験が乗り越える大きな力のひとつになりました。

おとりつぎ

「死の体験旅行」は医療関係者が受けにいらっしゃることも多いのですが、がん研有明病院の清水研《しみずけん》先生もそのひとりです。

「がん研」ですからがんの専門病院ですが、清水先生は「腫瘍精神科」部長という肩書きです。初めて聞いたときは、「え？　身体の各部位だけじゃなく精神にも腫瘍ができるの？」と一瞬戸惑いましたが、すぐにヨガインストラクターの三浦さんのことを思い出したのです。

三浦さんががんに罹ったとき、医師から「うつ病を発症するかもしれない」と伝えられました。いまでは早期発見ができればがんも治る病気になっていますが、それでも日本人の死因第1位ですし、その言葉の響きは重いものがあります。激しく落ち込んだり、心を病んでしまう場合もあるのでしょう。そうしたときに活躍するのが「腫瘍精神科」の医師なのだろうとピンときました。

清水先生とは受講後も交流が続き、「死の体験旅行」の講師グループである「仏教死生観研究会」の勉強会でご講演いただいたこともあります。そのとき、清水先生はご自身の大きな失敗の話をしてくれました。

まだ精神科として経験が浅かったころ、不安に押しつぶされそうな女性患者がやってきました。清水先生は精神科医として役立とうとはりきり、患者の様子から症状を判断して、すぐに「気持ちが落ち着く薬を出しましょう」と言いました。するとその女性は怒って席を立ち、「二度と来ません！」と言って部屋を出ていったのだそうです。

なぜそうなってしまったのか。それは、彼女は自分自身の精神状態を診断してもらい、適切な薬を処方してほしかったわけではなく、苦しい胸の内を聞いてほしかったのです。もちろん医師が充分に耳を傾けたうえで判断し、薬を出しましょうか？　と言えば結果は違ったかもしれませんが、そのときの清水先生は一足飛びに結論にたどり着こうとしてしまったのでしょう。

お釈迦さまが教えを説く姿を「応病与薬《おうびょうよやく》」と表現することがあります。目の前の一人ひとりの悩みに応じて教えを説く姿が、まるで医師が患者の症状に合わせて薬を与えている姿のようだ、という言葉です。

そしてまたお釈迦さまは、ただ教えを説くだけではありません。ときによっては相手が苦悩のすべてを吐き出すまで、じっと耳を傾けてくれるのです。

痛恨の失敗をした清水先生は、それから患者の話を聞くことを意識します。日によっては病院のなかを歩いてまわり、入院患者のベッドサイドに座ってじっくり相手の言葉に耳を傾けるのだそうです。きっと患者さんは、どんな診断をしてもらったり薬を出してもらったりするよりも、大きな安心感を覚えることでしょう。

優先順位の考え方

生と死も、
愛情と感謝も、
有り難いと当たり前も、
コインの裏表のように
分かちがたい。

喫茶去《きっさこ》
ちょっといっぷく

多くの先人たちも、「死」について思いを馳せてきました。ここではエピソードの息継ぎとして、先人たちの「死」にまつわる言葉をご紹介します。

「先《ま》ずは臨終のことを習《なろ》うて、後《のち》に他事《たじ》を習《なろ》うべし」

（僧侶　日蓮《にちれん》聖人）

仏教は「八万四千《はちまんしせん》の法門《ほうもん》」と呼ばれるほど、深く広い。しかしすべてを差し置いて、「まず自分が必ず死ぬ身であることを念頭に置くことが肝要で、ほかのことはそのあとでよい」と、日蓮聖人は信徒の妙法尼《みょうほうあま》への手紙にそう記した。

「全身全霊を込めて手に入れたものを、最後にすべて捨て去れなければならない」

（哲学者　ルドルフ・シュタイナー）

人はなにも持たずに生まれ、少しずつなにかを得る。「死の体験旅行」を受けたある人は、「生きるって、大切なものが書かれたカードを増やしていくこと」と言った。しかし最期はなにひとつ持ってはいけない。その悲しさこそが尊い。

カード
7

最近、笑いましたか？

昨今、子育て論や自己啓発本によく出てくるワードのひとつに「自己肯定感」というものがあります。「ありのままの自分を肯定し、好きになる」という感覚を示す言葉で、自己肯定感の高い人＝幸せな人、といった分析もされています。

しかし、そこには本人の性分だけでなく、育った環境や現在の状況なども大きく関わってきます。「自分のことを好きになろう」と言うのは簡単ですが、実際にはそこに高い壁を感じている方もいらっしゃいます。

◆

◆

◆

ある日の「死の体験旅行」に参加した20代の女性、平田《ひらた》さん（仮名）は、一瞬迷ったような表情を見せ、「最後のカードは『毎日笑う』でした」と言いました。

しかし続けてすぐに「そのひとつ前は『自分を好きになる』でした」と口にしました。最後の1枚よりもむしろ「自分を好きになる」のほうを口にしたい、そんな印象を私は受けました。

大切なカードとして「笑う」を書く人は少なくありませんが、詳しくうかがってみると、自分が笑顔でいることであったり、他者を笑わせることであったりと、細かい部分で違いがあります。

「なぜそのカードが最後に残ったのでしょうか？」と尋ねると、平田さんは、こう答えたのです。

「自分が嫌いだから、自分を好きになるというのがもっとも大切な目標として残ると思っていました。けれど最後の最後は、入院している自分を見舞いに来てくれる人に笑顔で接したい。自分が嫌いなままでも、見舞いに来てくれた人に嫌な思いをさせたくないからです」と。

後日、なぜ自分が嫌いなのかを尋ねました。

平田さんは3人きょうだいの長姉で、実家が自営業だったため、ご両親は挨拶や礼儀にとても厳しく、またつねに弟妹の手本になるよう育てられたのだそうです。平田さんはそれに応えようと、勉強でも部活でも一生懸命に努力をしますが、どんなに努力しても褒められた記憶はほとんどなく、自分自身を減点法で見るようになっていったのだそうです。

「足りていない自分はダメな人間」
「ダメな自分ではいけない」

そう暗示をかけてしまったのは間違いなく自分自身なのに、自分が嫌いという思いをいまだに捨てられない、とも言ってました。

私は平田さんの吐露を聞きながら、胸がきゅっと締めつけられるような感覚を覚えました。幼少期において、親の評価や愛情は絶対的なものです。ご両親に悪気はなかったのでしょうが、大人になった現在にまで影響を与えるほど、平田さんの幼いころの記憶は自分を厳しく見ることで埋められていたからです。

また、「死の体験旅行」の準備段階で自分の大切なものを書き出しているとき、いちばん苦労して時間ギリギリにフッと出てきたのが「自分を好きになる」だったそうです。

平田さんはそれが出てきたことに驚き、でもだからこそ、このカードが最後まで残るだろうと直感したそうです。

しかし、なぜ最後の最後に直感が覆ったのか？

それはご本人にも明確な答えが出ているわけではないそうですが、平田さんはこんなふうに説明されました。

「不完全な自分が嫌いだと思う一方で、心の奥底では不完全なままの自分でも好きになりたい、そう思っていることがはっきりわかりました。また、自分が好きになれなかったとしても、それが私なんだ、と思う部分もあることにも気づきました」

「死の体験旅行」で私は、仏教の話はできるだけしないでおこうとつねに自制しています。参加者の気持ちを恣意的に誘導して、安易な結論に結びつけたりしたくないからです。

ただ、このとき珍しく私は、仏教の話をしました。

私は浄土真宗の僧侶で、浄土真宗の本尊は阿弥陀如来という仏さまです。この仏さまは、「どんな人であっても絶対的に肯定して救いとる」という特徴があります。「仏さまに背を向けて逃げる者も、追いかけてでも救う」と言われるほどです。

浄土真宗が芽吹いたのは平安末期から鎌倉時代ですが、当時の一般民衆の生活レベルは過酷なもので、「生きていても地獄、死んでも地獄」と嘆いていたのだと思います。そんななか、「あなたを決して見捨てない、と誓う仏さまがいるのですよ」という教えは、慈雨のごとく人々の心に沁み込んでいったのでしょう。

仏さまであっても、お日さまであっても、ご先祖さまであっても、あるいは自分自身であっても、誰かが自分を絶対的に肯定してくれているということは、自分を強く支えてくれるものになるのだと思います。

後日、平田さんからメールをいただいて『死の体験旅行』でのやりとりで、気づかなかった心のうちを言葉にしていただいたように感じています。阿弥陀如来のお話も、胸に響きました。何度思い返しても、涙が止まらなくなります」との言葉をいただき、私はホッとするような気持ちになりました。

おとりつぎ

フランスの哲学者アランの言葉に「幸福だから笑うのではない、笑うから幸福なのだ」というものがあります。平田さんに当てはめてアレンジすれば、「自分が完全になったから笑うのではない、不完全なままでも笑えることが幸福なのだ」となるでしょうか。

また、ドイツの哲学者アルフォンス・デーケンの言葉には、「ユーモアとは『にもかかわらず』笑うことだ」というものがあります。

なごみ庵では定期的に「笑いヨガ」という行事を開催しています。私の妻である坊守が進行役をつとめ、大きく息を吸って、吐いて、無心になって「はっはっは！」と笑い声を出す、はたから見るとバカバカしく見えるエクササイズですが、やってみると効果は絶大です。

じつは私の母が亡くなった2日後が、この笑いヨガの日だったのです。いつも参加している私もさすがにそんな気分になれず、やめておこうかと思ったのですが、気をとりなおして参加してみたところ、いつもと変わらぬ効果がありました。

悲しさも寂しさも、笑い声に乗せて思いきり吐き出していくと、終わるころには悲しみは悲しみのまま、それでも視線が少し上を向くようになっていることを感じたのです。

平田さんは、死の病床にあったとき、「自分を見舞いに来てくれる人に笑顔で接したい」という願いを持ちました。

そのとき、平田さんが笑顔でいることができれば、平田さん自身は不完全なままであっても自分を好きになることができるのではないでしょうか。そしてその気持ちに気づけば、心の底から笑えるときがやってくるのではないでしょうか。

優先順位の考え方

不完全な自分でもいい。そう思えばきっと、自分を好きになれます。

カード
8

結果だけに目がいっていませんか？

「快楽《かいらく》」とは五感の満足度を表す言葉です。どうせ生きるなら、つらい道を歩むより、心地よく楽しく毎日を過ごせたほうがよいと思うのは自然なこと。しかし、じつは仏教語では「快楽《かいらく》」ではなく「快楽《けらく》」と読み、「煩悩から解放されて得られる安楽」を意味します。この世で感じる「快楽《かいらく》」の果てには終わりも苦しみもあるため、本当の「快楽《けらく》」は浄土（死後）でないと得られないというのです。

はたしていまの「快楽《かいらく》」は、その後に苦しみを生むものなのでしょうか。

◆　◆　◆

あるとき、「死の体験旅行」の最中に涙を流している30代の男性、坂本《さかもと》さん（仮名）がいました。男性受講者でも涙ぐむぐらいは珍しくありませんが、かなり涙を流している様子で、けれど途中で止めるわけにもいかず、心配しながら続けた記憶があります。

日本人男性は、感情表現があまりうまくないと感じます。うまくないというより、ストレートな感情表現をよしとしない文化のなかで育ったということかもしれません。ですので坂本さんの様子は男性にしては珍しく思い、強く心に残っていました。

後日、坂本さんに詳しく話をうかがうと、涙の根源にあったのは「申しわけなさ」だと言いました。

30代後半だという彼が「大切なもの」のカードに書いたものは、自分の家族であったり夢であったり、それほど特殊なものではなかったようです。しかし、受講のタイミングが特別なものでした。

受講は9月でしたが、5月には夢を抱いて独立し、仕事をはじめたばかり。また2年前に結婚し、間もなく第1子が誕生という、妻・子・仕事と自分を取り巻く環境すべてが大切で愛おしく、また大きな責任を背負って歩みはじめたという時期でした。

おそらく、大切なものを紙に書く作業は難なく進められたのではないかと思います。紙が足りないと思ったかもしれません。しかし、ワークショップがはじまり、自分が手に入れて間もない大切なモノが次々と失われていくのです。苦しくないわけがありません。

坂本さんは、そのときの気持ちをこう説明してくれました。

「私が『死の体験旅行』のなかでもっとも強く抱いた感情は、『申しわけない』という気持ちでした。残される大切な人を思い、まだ成し遂げられていない夢を思いました。涙がとめどなくあふれ、1枚1枚のカードを手放していくのが本当に苦しかったし、先に進めたくありませんでした」

自分の存在が消えてしまう恐怖ではなく、大切な人や夢など自分を取り巻くものに、「一緒にいられず」「かなえることができず」、申しわけないという気持ちを抱きながら、彼は「死の体験」をしたのです。

また坂本さんは、こうも言いました。

「私がこの『死の体験旅行』を通して学んだもっとも貴重なことは、『いまのままでは死ねない』ということでした。『苦痛や困難から逃れ、自我や快楽ばかり求める人生は、のちにもっと大きな苦痛を生む』ということを、身をもって体感し、腹落ちもしました」

おとりつぎ

「人事を尽くして天命を待つ」という言葉があります。辞書をひくと「力のあらん限りを尽くして、あとは静かに天命に任せる」とあります。しかし、天命に任せるといっても、人間は努力をすればどうしてもいい結果を望んでしまうものです。

似た言葉ですが、明治時代の真宗大谷派の僧侶、清沢満之《きよざわまんし》は「天命に安んじて人事を尽くす」と言いました。

清沢満之は仏教者だから、仏教的な人生観が根底にあります。「天命に安んじて」とは、無数の縁に支えられ、生かされている自分を自覚するということでしょう。

その視点に立ったとき、いい結果であってほしいという我執を離れ、「人事を尽くす」、つまり結果にとらわれずに精いっぱいの努力をしようという境地に至るというのです。

涙を流しながら受講した坂本さんの「申しわけない」という気持ちは、後悔です。彼は自分の背負ったものに対し、後悔したくないという気持ちを抱いたのだと思います。しかし、いい結果だけを追い求めてしまえば、人間の欲求はもっと、もっとと、限りなく増幅するものなので、後悔と縁を切るのは困難になります。

目的を結果に置きすぎるのではなく、努力する行為そのものにシフトすること。それが自分の人生を肯定的に受け入れ、後悔しない生き方を送る最善の道ではないでしょうか。

優先順位の考え方

「快楽《かいらく》」はときに、
「後悔」につながります。
大事なのは「快楽《かいらく》」に
ひたりきらないこと
かもしれません。

カード
9

一度、
立ち止まって
みませんか？

「死の体験旅行」は、ある意味「いまの自分と真摯に向き合う行為」でもあります。ときにはリピートしてくださる方もいらっしゃるなかで、体験を繰り返すことでどういった気持ちの変化があったのかについては、とても気になるところです。

◆　◆　◆

あるとき、「死の体験旅行」の最後に受講者一人ひとりと言葉を交わしていると、なんとなく見覚えのある男性が、「じつは私、ちょうど1年前に受けたんです」と言いました。

その方、白井《しらい》さん（仮名）は障害者福祉の仕事をしていて、人の苦悩や、ときには死に接する機会が多いということもあり、1年前に興味を持って受講したのだそうです。

そのときの感想をうかがうと、「仕事に関することが大事なことの筆頭に挙がると思っていましたが、意外とそうではないことに驚きました」という言葉が返ってきました。

むしろ、「日ごろ意識に上がらないもの……高校時代の思い出の場所や、仕事そのものでなく仕事に関する学びなどが、じつは大切だった」と気づいたのだと言います。

その感覚を「大脳で一生懸命考えて出した答えではない感覚、自然とわき上がる感覚」と語り、それがとても新鮮で意味のあることのように感じたそうです。

その発見から1年後、白井さんが2度目の受講を希望したのは、自分の心のメンテナンスをするような気持ちだったと言います。

その場ではほかにも多くの受講者がいますので、後日じっくりとお話をお聞きし、1年ぶりの受講でどんなことを感じたかを教えていただきました。

「死の体験旅行」本編の前には、自分にとって「大切なもの」を4つに色分けされた20枚のカードに書いていただいています。それぞれの色には、「人」や「物」、「活動」といった意味づけをしていただいているのですが、白井さんはまず、「物」と「活動」のカードに書いた言葉に表れた変化を語ってくれました。

「1回目の受講では、『物』はそれほど大切だと思わなかったんですが、2回目には『本』と書いたカードが最後のほうまで残り、この1年間の自分の心境の変化を感じました。それは、仕事や生き方に関する、自分にとって学びの源泉を大切にする気持ちの表れだったのではないでしょうか」

また、大きく変わったのは「活動」のカードでした。

「仕事に関する学びが優先されていたことは以前と同じですが、福祉学・心理学・社会学・幸福学というふうに抽象的なものから具体的なものに変化していました。それは、1回目に書いた『やってみたい』ことが、2回目になって『やってみよう』、『やっている』に変わったのだと思います。これは自分自身、意識的に変えようと思っていたことでもあるので、うれしい変化でした」

後半のシェアリングで、進行役の私はよく、「最後の1枚にはどんな言葉が書かれていましたか?」と質問しますが、彼の場合、1回目も2回目も家族が書かれたカードが残ったそうです。

そのことについて感想を求めると、白井さんからこんな言葉が返ってきました。

「1回目の受講で、最後に残った『家族』のカードを見たとき以降、一日一日が大切に感じられるようになり、娘との接し方が変わりました。自分のなかで変わらぬ価値を持つもの、価値に変化があったものを発見できたのは、新鮮な体験でした。変わらぬ大切なものがより大切に思え、感謝の念がわいてきました」

「死の体験旅行」の最後には、自分がカードに書いた「大切なもの」を書き取り自分の振り返り用に持ち帰っていただいているのですが、彼は1回目のときの記録用紙を大事に保管して、それをときどき見返したりしていたそうです。

1年前の自分といまの自分が、どう変化しているのか。

健康診断を受けていれば身体の数値上の変化を把握することはできますが、心のなかのことなど私たちはあまり考えずに生きています。白井さんは記録用紙を保管しておくことで、目に見えるかたちで自分の心の変化を把握したかったのでしょう。

こんなことも語ってくれました。

「この年齢（38歳）になっても新たに大切に感じられるものができたことが、うれしいです。とくに以前は、家族さえ大切にしていればいいと漠然と考えていましたが、1回目の受講以降、意識して友人を大切にしようと努めてきました。また、障害者福祉という仕事柄、人には『怖がらずチャレンジしよう』と言ってはいるものの、自分がそれをできていないことに気づき、積極的に世界を広げようとしてきました。2回目を受けて、それが自分の思いに反映されていたことをうれしく感じます」

おとりつぎ

仏教には「諸法無我《しょほうむが》」という言葉があります。すべての物ごとには不変の実体がなく、ほかとの関係性や見る角度によって違う姿を現す、という意味です。

ちょっとわかりにくいですね。たとえばここに40歳の男性がいたとしましょう。彼は親から見れば「子ども」ですし、妻から見れば「夫」、子どもから見れば「お父さん」、会社の仲間から見れば「上司・同僚・部下」など、同じ人物でもさまざまな姿を持っているのです。

白井さんは1回目の受講をしたとき、最初は自分自身を、日々励んでいる仕事の面から観察しはじめました。しかしすぐに、その面は自分の一部でしかないことに気づきます。学生時代の自分や、家族との関係性のなかにいる自分を見出したときには、もっともよく理解していると思っていた自分自身の多様な面を発見した気持ちになったのではないでしょうか。

諸法無我はほかの3つの教えとセットになって、「四法印《しほういん》」という仏教の基本概念になっています。まずふたつの教えがあり、それをどう受け止めるかで物ごとの受け止め方がふたつに分かれていきます。

● 諸行無常《しょぎょうむじょう》

すべてのものは移ろいゆく、という意味の言葉です。この言葉をネガティブに捉えると、「何事もあてにならない」と感じますが、ポジティブに捉えると「有り難い」と感じることができます。

● 諸法無我

すべてのものは関わり合う、という意味の言葉です。この言葉をネガティブに捉えると、「何事も思うままにならない」と感じますが、ポジティブに捉えると、「お陰さま」と感じることができます。

● 一切皆苦《いっさいかいく》
諸行無常と諸法無我をネガティブに捉えると、この世のすべてを苦しみとして受け止めざるを得ません。

● 涅槃寂静《ねはんじゃくじょう》
諸行無常と諸法無我をポジティブに捉えることができれば、苦しみの炎を吹き消すことができるのです。

いかがでしょう。

ちょっと、いや、かなり理屈っぽく感じたでしょうか。けれど仏教は「鰯《いわし》の頭も信心から」ということわざのように、なにかよくわからないことを信じ込むわけではなく、こうしたしっかりとした理論の上に成り立っています。

「死の体験旅行」ではあまり仏教用語は用いませんが、受講者の感想を耳にすると、自然と仏教的な視点で自分を観察しているのだな、と感じます。

ともかく、すべての事物は一刻も止まることなく変化し続けているのです。人間の身体さえ、多くの細胞が新陳代謝によって入れ替わり続けています。

ですから、1年前の私といまの私はまったくの同じ人間ではありません。肉体的にもそうなのですから、精神的にも「変化し続ける」状況は当然起こっています。その意識しにくい変化を知らしめてくれる、そんな役割もこの「死の体験旅行」にはあるようです。

自分にとって、とても大切な存在だとわかっていても、今日までと変わらぬ日々が明日からも続いていくと漫然と思ってしまえば、その大切さを見失ってしまいます。死を体験してみれば、改めて平凡な「今日」が、かけがえのないものだと感じられるのかもしれません。

優先順位の考え方

「死」を体験することで、心の健康診断、してみませんか？

カード
10

敷かれたレールの上を
歩くことに
息苦しさを
感じていませんか？

「死の体験旅行」は私のお寺だけでなく、さまざまなお寺をお借りして開催させていただいているため、そのお寺の関係者が参加してくださることもあります。

◆　◆　◆

ある時期、横浜市内のお寺で数カ月連続の開催があり、最初の月は、そのお寺の次期住職である太田《おおた》さん（仮名）も受講者として「死の体験旅行」を受けてくれました。

太田さんのお父さま、つまり先代住職が早くに亡くなり、彼は住職を継承するべく準備で忙しい時期でした。しかしそういった時期だからこそ自分を振り返ってみたい、そして同じように自分自身を見つめたいという人たちのために会場を提供してくれたのです。

最初の月、ちょうど太田さんの奥さんのお腹には赤ちゃんがいました。しかも7カ月目とお腹のふくらみも目立ってきたころでしたので、「死の体験旅行」で選択する「もっとも大切なカード」は当然、奥さんか赤ちゃんを選ぶのだろう。そうご自身でも感じていたのではないかと思います。

けれど太田さんは、迷った末に「母」のカードを選びます。じつはその日はちょうど父である先代住職の月命日で、心に強く父の顔が思い浮かんだのでしょう。そしてその父の連れ合いであり、お寺を切り盛りする存在である母を守らなくてはいけない。何世代も何十世代も続くお寺に生まれた者ならではの感覚がそうさせたのかもしれません。

そこから半年ほどの間、毎月のように太田さんのお寺で「死の体験旅行」の開催が続きました。

太田さんは2カ月目からは受講者として席にはつかないものの、会場の隅で物語に耳を傾け、「いまの自分だったらどうするだろう。なにを選び、なにを手放すのだろう」と真剣に自分自身と向き合い続けたそうです。

受講から長い時間を経て、家庭や仕事の環境が変化したことで「最後の1枚」が変わることはあり得ると思います。しかし太田さんの場合は初めてのお子さんが生まれる前後というタイミングでしたので、毎月のようにそれが変化していきました。

2回目と3回目、奥さんのお腹はいよいよ大きくなり、大変な思いをしている奥さんをいたわる気持ちが強くなっていったのでしょう。太田さんの心のなかに残った最後のカードは「妻」でした。

年が明け、4回目の開催。そのほんの数日前に新しい生命が誕生していました。そんな大変な時期にお寺をお借りして申しわけなかったのですが、このときも太田さんは会場の隅で物語に耳を傾けてくれました。

赤子がこの世に生まれ、母と子の身体は別々のものになりました。しかし我が子を抱く妻と赤子の姿は不可分にしか思えず、太田さんの心のなかに「妻子」と書かれたカードが残ったのだそうです。

1カ月がたち、5回目の開催になりました。このときも太田さんは同じように心のなかで「死の体験旅行」を受け、しかし最後に残ったカードはいままでの「人」のカードから「行動」のカードに大きく変化します。

そのとき太田さんは「生きざま死にざまを見せたい、ということが残りました」と口にしました。私はそれを聞いて、「奥さんとお子さんに、夫や父としての生きざま死にざまを見せたいのかな」と思いました。しかし後日、じっくりと話を聞くと、もっと深い気持ちがそこにはあったのです。

5回目の当日に「生きざま死にざま」と表現された言葉は、もっと正確に言えば「手が合わさる生き方」なのだと太田さんは言います。

さまざまな縁に育まれ、支えてもらって生かされている自分の「命」を精一杯に生きる姿。またいつか年老い朽ちていく自分の「命」を通じて、老病死を考える機縁になりたいという思い。そしてその対象は妻子に限らず、家族や親族だけでもなく、縁あるすべての人のためであってほしい。

そう願う気持ちが、僧侶である太田さんの口からは「手が合わさる生き方」という言葉で表現されました。

手が合わさるというのは合掌の姿です。つまり自分が懸命に生ききったうえで、思慮分別を超えた大いなる存在に自分自身を委ねていくという念《おも》いが込められた姿を周囲に示したい。それがもっとも大切なものになった、と彼は言いました。

それを聞いて私は、「ああ、太田さんは住職になったのだな」と感じました。それは単にお寺の跡継ぎで住職という立場に就く、という意味ではありません。

一般の企業でも、2022年の親族内承継の割合は37・6％と高い数値を示しています。仏教寺院においてはさらにその率が高く、僧侶が結婚をし、子どもが跡を継ぐかたちが定着しています。それが世襲と揶揄《やゆ》される場合もありますし、物心ついたときから将来が決まっているという継ぐ者の息苦しさもあります。

太田さんにとって、亡くなったお父さまもご存命のお母さまも、母となった妻も生まれたばかりの子どももも、かけがえのない大切なものであるはずです。

しかしそれ以上に、自分自身の人生を通して周囲の多くの人に大切なことを伝えていきたい。単にお寺という「容器」を存続させるだけでなく、その器に満たされる「仏教」こそを伝え広めていきたい。そんな覚悟が定まったように私の目には映りました。

おとりつぎ

2018年の夏、札幌のお寺に招かれ、2回の「死の体験旅行」を開催しました。そのうちの1回で、女性受講者2名が立て続けに「父」がもっとも大切だと感じたと言いました。

同じ親ではありますが、「母」ではなく「父」のカードを残す方は少数です。細かい統計を出してはいませんが、1割以下でしょうか。

なのでその日に「父」のカードを残した方が2名いらっしゃったことについては、珍しいことが重なったなと思ったのですが、話を聞いてみると、それは偶然ではなく必然でした。

その女性受講者2名は、じつはおふたりとも僧侶です。僧侶は男性であるイメージが強いかもしれませんが、尼僧という言葉もあるように女性僧侶も少なからず存在します。

お寺の住持職（住職）が世襲されるようになったのは、浄土真宗以外では明治以降のことなので、それほど歴史は長くありません。明治や大正や昭和初期は夫婦間の子どもの数が多く、それは住職を継ぐ男子がいる可能性が高いことにつながり、結果として住職の圧倒的多数は男性でした。

しかし昭和も中期に入ると夫婦間の子どもの数は減り、お寺でも男子がいない場合も珍しくありません。それでも娘が婿を迎えて後継住職にする場合が多かったのですが、時代の変化か近年になると、お寺の娘がそのまま僧籍を得て住職となる例も増えてきました。

札幌で受講し、父がもっとも大切だと答えた2名の女性僧侶もお寺に生まれ、おひとりはすでに住職となり、もうおひとりも将来住職となってお寺を継ぐ立場だそうです。

親から子に住職の座が継がれる場合、現在の一般的な親子関係とは大きな違いがあります。
都市化が進み、会社勤務が多くなると、働き手は家の外で仕事をし、また親と子が同じ職種に就くとは限らなくなります。お互いが仕事場でなにをやっているか、詳しくはわからない。がんばっているのだろうなとは思っても、どんな仕事ぶりかまでは見えてきません。そうすると、親と子は、ただ「親」と「子」だけの関係になります。

しかし住職と跡継ぎということになると、親は親であり、また職場の上司や先輩であり、また宗教的な師であるという複数の顔を持つことになります。そうなると、「家の外でなんらかの仕事をしている人」とはまったく違った存在感を放つことになり、結果として「自分にとってもっとも大切な人」と感じられる場合が増えるのではないでしょうか。

この話はなにも、お寺の世界は特殊ですよと言いたいわけではありません。

お寺だけでなく、比較的最近になるまで、仕事は親から子に受け継がれるものでした。農家に生まれた子は畑を耕し、職人の子は親から技術を教わり、商人の子は親から商いを学んだのです。

ですので江戸時代や明治時代の人が「死の体験旅行」を受けたとしたら、現代と父母の比率は逆転するかもしれません。自分の人生においてなにがもっとも大切なのかという普遍的に思えることすら、少し時代が移れば変化をするのです。時代だけでなく、国や言葉や宗教や性別が違えば、絶対だと思えることも変化するのでしょう。

「死の体験旅行」の参加者同士のシェアリングを聞いていると「こう考えることが常識だと思っていたけれど、ほかの人の意見を聞いて自分の常識が打ち壊された」という意見を耳にすることがあります。「死の体験旅行」が参加者の方々に新しいものの見方を提示できたのだとしたら、それは私にとってもうれしいことです。

優先順位の考え方

自分にとって、理想の「生きざま死にざま」を考えてみませんか？

カード
11

他者の視点に立つことで見えてきたものはありませんか？

前述もしましたが、「死の体験旅行」において最後のカードに多く残るのは「母」です。とはいえ、普段の日常を過ごすなかで、親を大切に思う瞬間というのはなかなか訪れないもの。「死の体験旅行」を受講することで、改めて家族の大切さに気づく方たちは、多くいらっしゃいます。

◆　◆　◆

ここで紹介する原《はら》さん（仮名）は、20歳になったばかりの学生さんでした。「なにかおもしろい体験がないかな」とインターネットで検索をしていたときに「死の体験旅行」を見つけ、学生のうちに多くの体験をしておこうと思い、申し込んでくれたそうです。

受講の動機に明確な目的があったわけではありませんが、本編の物語が進むにつれ、原さんはさまざまなことを思い出し、また考えていきます。

印象に残ったカードのひとつは「おいしいものを食べること」でした。

書くときにはあまり深く考えず、文字どおりおいしいものを食べるのが純粋に好きということで書いたようですが、病が進行し、死が近づいていくという物語が進んでいくうちに脳裏に浮かび上がったのは、亡くなった祖父母、とりわけ食道がんを患ったお祖父さまのことでした。

人間にとって食べることは、生きることに直結する行為です。しかし食道がんのために食べ物を飲み込み、味わうことができなくなった祖父と、その祖父を看病する祖母を原さんは見ていました。もしかしたら、食べられないことに苛立ったり嘆いたりする祖父の様子も目にしていたのかもしれません。

原さん自身はまだ幼かったため、お祖父さまにも、またやはりがんで亡くなるお祖母さまにも寄り添いきれなかったことを思い出します。

なにげなく書いた「おいしいものを食べること」でしたが、祖父母のことをまざまざと思い出され、その祖父母や「食べること」のカードは手放しにくくなっていきました。

けれど物語は進み、そうした大切なものを手放してゆき、そして最後に残ったカードは「母」でした。母のカードを選んだ背景には、直前に目にした自分と母の母子健康手帳の存在があったのだそうです。

原さんは教職を志しており、社会福祉施設での介護等の体験を予定していました。そのために抗体検査が必要で、予防接種の履歴などを確認するために母子手帳を開いたのだそうです。

そこには母親が自分を妊娠してから出産、その後にいたるまでのさまざまなデータがこと細かに書かれていました。そして備考欄や余白には、我が子に対する思いや気持ちの変化なども記されていたそうです。

なかでも原さんの印象に残ったのは、彼女が5歳のとき、生まれてはじめて親と離れて2泊3日のサマーキャンプに参加した際のメモで、それを見た原さんは心を動かされます。

バスに乗り込むときの原さんの期待と不安が入り混じった様子と、心配しつつも送り出す気持ちにはじまり、原さんが出かけたあとは一日じゅう家が静かになったこと、数年ぶりに昼寝をしたこと、原さんがいないだけでこんなにゆっくりできるのかと驚いたこと、などが書いてありました。

最後に「でもやっぱり、かけがえのない存在なのだと実感したよ」と書いてあるのを見たとき、いつも自分が休むことよりも私や家族のことを考えて動いている母のことが思われて、いたく感動したのだそうです。

おとりつぎ

「物心がつく」という言葉があります。辞書には「幼児期を過ぎて、世の中のいろいろなことがなんとなくわかりはじめる」とあり、人生で最初の記憶が形成されるころでもありますので、個人差はありますがだいたい3～5歳ぐらいでしょう。

それ以前の記憶を持つ方は（親などに聞かされて自分の記憶のようになった場合を除けば）あまりいないでしょうし、生まれる前の記憶など持ちようがありません。しかし原さんは母子手帳を通じ、自分が物心がつく前や生まれる前の母の気持ちに触れたのです。

もし母子手帳を見ていなくても、やはり「母」がいちばん大切だと感じただろうと原さんはおっしゃいます。けれど母の思いを目にしたことで、より大切だという気持ちが強くなったことは想像に難くありません。

原さんは「死の体験旅行」を経験し、死とは、将来の夢も経験してみたいことも、すべてを諦めなければならないことなのだと強く実感したと言います。そして「現時点で健康に生きている私は、まだそれらを諦める必要がないこと、チャンスを与えられているのだということを認識し、感謝し、精進しなければならないとも思いました」と言います。

そしてまた、いまは自分自身の夢や将来についての未練ばかりだけれど、いずれ自分が母になったときは、自分の子どもや周囲への未練を感じるようになるのだろうかと感じ、またそのように年を重ねていきたい、とも口にしました。

そうおっしゃる原さんの瞳には、自分を慈しみ育んでくれた母の姿がはっきりと映っているのでしょう。

優先順位の考え方

人生の主人公はあなた。
でも、ときには
共演者の人生にも
思いを馳せてみましょう。

カード
12

手放すことで気づいたことはありませんか？

「死の体験旅行」で最後に残るカードは「人」が多いということはすでに述べましたが、実際にいまお仕事をされている方々がもしも重い病を患った場合、真っ先に気になるのは「仕事、どうしよう」ということではないでしょうか。

◆　◆　◆

間宮《まみや》さん（30代・女性）は写真家として活動しており、2016年の暮れに1回目の受講、そして2018年秋に2回目の受講をされました。

2回目のシェアリング時に感想をうかがうと、「1回目とはまったく違う結果になり、母が最後まで残った」と口にしました。

1回目では、もっとも大事なものとして「カメラ」のカードが残りました。間宮さんはカメラマンなので納得がいきますが、仕事道具として大事だから残ったわけではなく、自分の心や存在を表すものとして大切だと思ったのだそうです。そのとき2番目に大切だと感じたのは「ペン」と、こちらも表現のための道具でした。また、「母」のカードは最後から5番目までは残っていたそうです。

間宮さんはこの2年間で、身近な人間関係の変化や貴重な体験を重ねたのだそうです。しかし、そこで得た気づきも忙しさのなかで置き去りになってしまう感覚があり、「環境はさほど変わっていないけれど、心には変化があるのだろうか」と確認したい思いがあり、2回目の参加をしてくれました。

そして、1回目とはまったく違った結果が出ました。

なぜ2回目では「母」のカードが最後まで残ったのか尋ねると……。

「母と関わることで負った傷があり、母を好きになれませんでした。それでも、母のカードが残ったのを見て、『本当は甘えたかったし、母のことを好きでいたかった』『私を傷つけた母を好きでいることを、いけないことのように感じていた』『私自身、母のことを嫌う自分のことが嫌いだったのかも』ということに気づきました」

と、間宮さんは自己と深く対話するような返事をくれました。思いがけず子どものころの繊細な記憶までさかのぼることになり、この後も彼女と私はメールでのやりとりを続けることになったのです。

次の返信は、間宮さんが旧友の結婚式のため帰省し、実家で母と顔を合わせながら書いてくれたものでした。私からは「母と関わることで負った傷」について尋ねていたので、母の息遣いを感じつつ、当時を思い出しながら書いてくれたようです。

返信には、幼いころに母親から冷たいと感じる言葉をかけられたことや、小学生のころ体調の問題で学校に親が呼ばれた際、母に来てほしかったのに父に行かせたことなどが書かれていました。また、自分の気持ちを話しても見当違いの返答が来ることが多く、違和感や不信感が募っていったようです。

そういったことが重なり、成長してからは、「どうせ話をしても自分の気持ちが苦しくなるのだ」とあまり話さないようにしてきたのだそうです。そんな母子の現在の関係性について間宮さんは、「仲が悪いわけではないが、ギクシャクしている」と言いました。

しかし、「死の体験旅行」の1回目と2回目で変化が表れたように、間宮さんの心には変化が生じているように思えます。

私は彼女に、お母さんに抱くいい思いや記憶などを尋ねてみました。すると、一人暮らしをするときに心配してくれたこと、帰省するとふとんを敷いておいてくれたり、健康的な食事を作ってくれたり、好きな番組を録画しておいてくれたことなど、親元を離れてからのことばかりが挙げられました。「娘がいて当たり前」と思っていたお母さんにとって、娘が手元を離れて生活することになって感じるものがあったのでしょう。

一方、間宮さんは家族写真の撮影という仕事をするなかで、赤ちゃんの世話をする母親の姿に触れ、自分を育ててくれた母親のありがたさを感じるようになったそうです。

また、母には満たしてもらえなかった話を聞いてほしい気持ち、寄り添ってほしい気持ちを、いま付き合っている相手が満たしてくれるようになったのだそうです。それが、母への執着や欠乏感を手放せるようになったいちばんのきっかけだと間宮さんは言いました。

もし彼女が将来妻になり、また母になったとしたら、そのときにはまた新たな思いが生じ、母との関係性も変わっていくのかもしれません。

幼いころから心に傷を負わされ好きになれない母親を、本当は甘えたかったし好きでいたかったという相反する思い。自分を傷つけた母を好きでいてはいけないという思いと、母を嫌う自分が嫌いという、これも相反する思い。

その複雑に絡み合った思いが、家を出て距離をとることや、自分の思いを受け止めてくれる存在によって、少しずつ解きほぐれていったのです。

「1回目と2回目で、母親の大切さは同じだったかもしれない。でも、母のことを好きでも嫌いでもいいんだ、と自分に許可が出せたような気がします。それと、私のなかにある母親の理想像と、現実の母との違いを受け入れられるようになってきました」と間宮さんは口にしました。

おとりつぎ

「崇高なる愛」「愛の奇跡」など、愛という言葉は一般的にすばらしいものとして捉えられています。けれど仏教ではその愛も「渇愛《かつあい》」などと呼ばれ、煩悩のひとつに数えられます。

一方、キリスト教では愛を至高のものとしています。とくに、神から人間に向けられる愛は「アガペー」と呼ばれ、無限で無償の愛なのだそうです。これはもちろん煩悩としての愛ではなく、仏教でいうところの「仏の大慈悲心」と同等のものだと考えられます。

修道女マザー・テレサの有名な言葉に、「愛の反対は憎しみではなく無関心である」というものがあります。

もし愛の正反対が憎悪であれば、愛はすばらしいものであるはずですが、愛憎紙一重という言葉もあるように、人間の激しい感情のなかでは近しい位置にあるからこそ、お釈迦さまは愛を苦悩のひとつとされたのでしょう。

お釈迦さまは小国の王子さまで、王位継承権と妻子を手にしていましたが、それらをすべて捨てて出家しました。大きな目的があるとはいえ、そのときの苦しみは大きかったのだと思います。

日本でも平安〜鎌倉期の西行《さいぎょう》法師が、出家の際、すがりつく幼い娘を縁側から蹴落としたという逸話があります。やはり妻子への愛情があり、それを断ちきるためにあえて激しい行動をとったのだと思います。

間宮さんとお母さんは、お互いに無関心であったのではなく、相手に対する愛を確かに持っていました。けれど、関係が近すぎたり、表現がうまくいかなかったりして、その愛に亀裂が入っていたのかもしれません。

しかし別々に暮らすようになり、自ら得た大切な人もでき、その亀裂が少しずつ埋まっていったのでしょう。もし「死の体験旅行」が亀裂を埋めるひとつの要素になったのだとしたら、こんなにうれしいことはありません。

優先順位の考え方

私の大切なものも、あの人の大切なものも、つねに変わり続けます。

喫《きっ》茶《さ》去《こ》
ちょっといっぷく

ここでいったんひと休み。
先人たちの「死」にまつわる言葉から、
「死」について思いを馳せてみましょう。

**「明日ありと思う心の徒《あだ》桜《ざくら》
夜《よ》半《わ》に嵐の吹かぬものかわ」**

（僧侶　親鸞聖人）

9歳の親鸞聖人が京都の青蓮院《しょうれんいん》で出家することになった。ところが夜中だったので「明日にしよう」と言われたときにこの歌を詠んだ。満開の桜が夜中の嵐で散ってしまうように、人は明日をもしれぬ無常を生きているのだ、と。

「もし今日が
最後の日だとしても、
いまからやろうと
していたことを
私はするだろうか」

（Apple創業者　スティーブ・ジョブズ）

スタンフォード大学卒業式での、ジョブズのあまりにも有名なスピーチ。今日が最後と思えば、自分のやるべきこと、やらなくてもいいことが浮き彫りになる。死を見据えることは、自分の人生を誠実に生きることにつながる。

カード
13

自分の願いに執着していませんか？

「死の体験旅行」への参加動機はさまざまですが、ときにはある悩みを抱えていて、体験することで悩みが解決するきっかけになればと思い参加される方もいらっしゃいます。

◆　◆　◆

東北在住の50代の女性、三谷《みたに》さん（仮名）は、ご主人との仲がとてもよく、二男二女の4人のお子さんに恵まれ、仕事も精力的にされています。明るく元気で、「泣いても笑っても同じ一生なら、悲しくても笑って過ごそう！」がモットーの、一見すると悩みと無縁に見える性格です。

しかしそんな三谷さんが大きな悩みを抱き、涙を流して過ごすようになりました。そんなときにテレビで「死の体験旅行」の存在を知り、いてもたってもいられず連絡をしてくださったのです。

もちろん私は事情を知る由もなく、けれどなにか強い思いを感じつつ迎えた当日。本編が終わったあとのシェアリングで、三谷さんは自分の思いを次のように吐露しはじめたのです。

私は4人の子どもがいますが、本人の気持ちを第一にして、命に関わらない限りは「ダメ！」と言わないように育ててきました。そのせいか、4人とも本当に自分の好きな道を選び、生き生きと働いています。

去年の暮れ、北陸にいる次男から「一緒になりたい女性がいる」と連絡が入りました。ああ、いい方と出逢って結婚するのだな！　と喜んだのもつかの間、相手の女性には結婚歴があり、前夫との間に3人のお子さんがいること。いままでの出産の影響で、今後子どもを作るのは無理だということ。その女性とは籍を入れないまま一緒になろうと思うということを聞かされ、愕然《がくぜん》としました。

次男は4人の子どもたちのなかで、いちばん手がかかりました。苦労したからこそ次男には幸せになってほしい。そして次男の実の子どもをこの手に抱きたいと願っていた自分にとって、それはとても受け入れられない話でした。

それ以来、明るく元気だったはずの自分が、なにか話をしようとしても涙しか出ず、無言で過ごすようになりました。とくに次男からの電話があると、涙があふれて仕方ありません。自分にとってなにが大切なのか、まったくわからなくなってしまったのです。

そんなときにテレビで「死の体験旅行」を知って、ぜひ受けてみたいと強く感じたのです。

実際に受けてみると、自分には夫や子どもや孫、母親や姉、亡くなった実父や主人の父母など多くの大切な人がいること。毎日の当たり前がなによりも有り難いこと。数えきれないほどの大切な人や物や思い出に囲まれていること。そうしたことに気づかされ、忘れかけていた感謝の気持ちが蘇ってきました。

そして、私は子どもたちが自由に生きることを大切にしていたと思っていましたが、次男の自由な決断と、私が思っていた幸せの姿とのギャップに苦しんでいたことにも気づかされました。

ときには心の奥底で、彼女に対して「次男を返して！」とまで思ってしまいましたが、次男は私の私物ではなく、立派なひとりの男性なのに情けない母親でした。この年になって、子どもに育ててもらっていることも思い出せたんです。

本編を体験した感想の範疇《はんちゅう》を超えるような吐露でした。しかし切々と語るその姿に、ほかの参加者も聞き入っていました。

自分のなかにある、必ずしも人前で話せないような思い。それが不思議と、

「死の体験旅行」後半のシェアリングで吹き出すことがあります。「死」を前提として自分の人生を見つめ直した衝撃と、一期一会の人たちの前だからこそ自己を思いきって開示できるのでしょう。

三谷さんは涙ながらに思いを語ったあと、本来の姿であろう明るい表情になって帰っていきました。

三谷さんのことが気になり、もっと詳しい話をお聞きしたいと思ってメールを送ると、翌日すぐにお返事が来ました。

あのあと家に帰り、心配しながらも見守ってくれていた夫に有り難うを伝えました。そして次男に電話をして、「いままでごめんなさい、一度彼女さんを実家に連れてきてね！」と話をすることができたんです！

そして夫と娘と一緒に囲んだ夕飯は、久しぶりに心の底から笑っておいしく食べることができました。本当に有り難うございました。

この話には後日談があります。

三谷さんは受講後もときおり連絡をくださるのですが、先日、北陸の次男さんが彼女とその子どもたちを連れて三谷さんに会いに来たのだそうです。そしてそのあと、今度は三谷さん夫婦が彼女の実家に挨拶に行かれたそうです。

なんとも順調な進展にうれしい気持ちでいると、三谷さんは「なごみ庵とのご縁のおかげ」「浦上さんのおかげ」と何度もお礼の言葉を口にしてくれました。けれど私は、三谷さんのなかに進むべき方向はあって、あとはどうやってそこに向かっていくかという問題だったのだと思います。私や「死の体験旅行」は、あくまできっかけのひとつにすぎなかったのです。

おとりつぎ

古いことわざに「親子は一世《いっせ》、夫婦は二世《にせ》、主従は三世《さんぜ》」という言葉があります。

親子のつながりは現世だけのものであり、夫婦は現世だけでなく来世にもつながり、主従は過去・現世・来世のつながりがあるということを示しています。

親子、夫婦、主従、それぞれ独立して使われることもあり、「主従三世の契り」と言えば「忠臣蔵」で語られるような封建的な主従関係を讃美する言葉になります。

三谷さんの例に照らし合わせて解釈してみれば、「血のつながりは濃いつながりだけれども、本来は他人である夫婦のつながりはそれよりも強くなるのと同じように、血のつながっていない人との関係においても深いつながりを築くことができる」ということが言えるのではないでしょうか。

三谷さんは、きっとこれからも、切なくなったりモヤモヤしたり、そんな気持ちがわいてくることがあるでしょう。

けれど、「死の体験旅行」を受けて気づかされた自分にとって大切なものの芯や、思い出された感謝の気持ちは、きっと三谷さんを支えてくれるだろうと信じています。

優先順位の考え方

親子のつながりは、
濃くて強い。
だからといって、
それに甘えてばかりでは
自分を傷つけることに
なります。

カード
14

離ればなれになった人を思い出すのは、どんなときですか？

「実際の距離と心の距離は、比例するものでしょうか？」という問いに、あなたはどう答えますか？

戦後も80年近くとなり、いまでは日本で暮らす外国人の方々も多く目にするようになりました。しかし、自分に置き換えて考えてみると、家族や古い友人と離れ、異国の地で暮らすということには、計り知れない苦労や努力があるのではないかと推測されます。

はたしてそういった方々は、「家族」よりも「自分」を優先させたことになるのでしょうか？

◆
◆
◆

「死の体験旅行」の参加者の名簿のなかにカタカナで書かれたものを見つけたとき、「おや？」と思いました。ニックネームかもしれませんが、運営をお願いしている会社から送られてくる名簿はだいたい参加者の本名が書かれています。「外国の方かな……言葉は大丈夫かな？」と少し心配しつつ、当日を迎えました。

じつはそれまでも中国系や韓国系の名前を名簿に見ることはときどきありました。でも、外見は日本人と変わりませんし、隣の国という親近感もあり、日本語以外まったくダメの私でも気負うことなく対応ができました。

しかし当日やってきたのは、白い肌に青い瞳、スラリと高い背に空色のコートをまとい、そして燃えるような赤いロングヘアをなびかせた、北欧系を思わせる女性でした。

彼女は20代のロシア人のマリアさん。髪の毛はもともと金髪だったそうですが、温かいイメージが好きで、10年以上前から赤に染めているのだそうです。

私は若干うろたえながら「あの……日本語は……?」と問いかけると、彼女はネイティブの日本人が話すようなイントネーションで「あ、大丈夫です、日本語話せます」と微笑みながら答えてくれ、ほっと安堵《あんど》しました。まあ考えてみたら、カタカナで名前を入力している時点で日本語に通じているはずだよなと、あとになって気づきました。

この日は3月11日で、マリアさんの誕生日も同じ日付なのだそうです。そしてもちろん、東日本大震災の日でもあります。

彼女は高校生のときに日本のテレビ番組を見て、耳に入ってくる言葉に柔らかさと優しさを感じ、そこから日本文化に関心を持ったそうです。ロシアの大学で日本語を学んでいた彼女は、よりによって自分の誕生日に日本で起きた大災害に強い衝撃を受けました。マリアさんはのちに被災地を訪れ、また自分になにかできることがあるのではないか、といまも思い続けてくれています。

日本で暮らし、言語や文学を学ぶマリアさんでしたが、ここ半年ほどいろいろな悩みが続き、自分は本当になにがしたいのか、なにを自分のよりどころとすればいいのか、整理して考えたいと思っていたのだそうです。

そんなときに「死の体験旅行」の存在を知り、「自分の誕生日と大震災の折り合い、命と死の折り合いをつけるのに最適ではないか」と感じ、参加の申し込みをしてくれました。

その彼女が、自分にとってもっとも大切だと感じたのは、「この世になにかを残すこと」で、具体的には「詩を書くこと」でした。そう、マリアさんは詩人でもあります。文字を書けるようになった幼いころから、ずっと詩を書いてきたのだそうです。最近では「人の心を癒やす詩」を書くことを使命だと感じるようになりました。

しかしその半面、自分は人に関してはあっさりしていると感じ、それにショックを受けたのだそうです。

親ともとても仲がよく、先生にも恵まれ、よい友人もたくさんいるとマリアさんは言います。でも彼女は勉強のために母国を離れ、日本でもさまざまな学校へ進学するとともに引っ越しを重ねてきました。そのせいか、いつしか彼女は「その人と会えなくなっても、どこかで生きていることがわかっていたり、一緒の思い出があればいい」と考えるようになったのだそうです。

また、「人や場所はいずれ過ぎ去ってゆくけれど、自分の使命はずっと変わらずあり続けるように感じている」とも言いました。自分で選んだ道ではあるけれど、でもそんな自分の気持ちに気づき、そこに驚きを覚えたようです。

またマリアさんは、2番目に大切だと思ったものとして、「日本海の海辺に咲く水仙」と口にしました。日本人でもそうそう出てこないような、演歌のバックに流れるような風景が、なぜロシア人女性の大切なものになったのでしょうか。

2年ほど前、真冬に北陸を訪れた際、大荒れの日本海に面している山に水仙畑が広がっていたのだそうです。一日の間に雪が降ったりやんだり、雷鳴が響いたりと目まぐるしく天気が変わっていくなか、水仙が冷たい強風に吹かれながらも凛《りん》と咲いていることに、マリアさんは感動を覚えました。それ以来、自分が苦しいときやつらいときには、たくましく咲く水仙のことを思い出すのだそうです。

マリアさんは、そのときの思いを詩に込めています。自分が水仙から与えられた生きる力を、今度は詩のかたちにして他者のために伝えたいと思ったのでしょう。彼女がもっとも大切だと思った「詩を書くこと」の根底にある思いと、2番目に大切だと思った海辺の水仙は、どこかで深くつながっているのだと感じました。

海辺の水仙

小さな水仙を　マフラーで包みたい
コートを脱いで　茎に着せたい
雪ブーツも根っこに　履かせたい
暖かい吐く息を　透き通る花びらに
だけど水仙は　優しく笑っているだけ
「人はこんな大きいのに
海風一つで大騒ぎだなんて
ずいぶん可愛らしいものね」

Maria Prokhorova 作

おとりつぎ

仏教詩人として名高い榎本栄一《えのもとえいいち》さんの詩に次のようなものがあります。

人も草木も虫も
同じものは一つもない
おなじでなくて
みな光る

同じ種類の植物や昆虫、鳥や動物など、それぞれ見た目の個性はあって本人(?)たちが見ればお互い見分けはつくのでしょうが、人間から見ればなかなか区別はつきません。それどころか、同じ人間でも肌の色が異なれば見分けがつきにくいものですし、オジサンになってくると若いアイドルのお嬢さんたちも見分けがつかなくなってきます。

とは言っても、どれほど似通って見える生きもの、たとえばアリの群れを見て個体識別できる人はいないでしょうが、それでも一つひとつ異なる尊い「命」を生きているのは間違いのないことです。

榎本栄一さんの詩には、そうした「命」一つひとつがかけがえのないものであると書かれています。またその「命」が「みな光る」と書かれています。命が光るとは、どういうことなのでしょうか。

浄土真宗でよくお勤めされるお経に「歎仏偈《たんぶつげ》」というものがあります。宗派によっては「讃仏偈《さんぶつげ》」とも呼ばれます。仏説無量寿経という経典の一部です。

阿弥陀如来の前身である法蔵菩薩《ほうぞうぼさつ》が、師の世自在王仏《せじざいおうぶつ》に向かって「あなたさまのお顔は気高く光り輝いております」という言葉を述べるのです。

つまり、仏さまは気高く光り輝くお姿をしておられるわけです。それを表しているのが仏像の後ろにある光背《こうはい》（後光《ごこう》）です。仏さまによってさまざまなかたちをしていますが、これも仏さまが輝いていることを表現しています。

仏さまや神さまが輝いて見えるというのは感覚的にうなずけると思いますが、榎本栄一さんの詩には、人も草木も虫も「みな光る」と書かれています。

考えてみれば、私たち一人ひとりの「命」がここにあることは、奇跡以外のなにものでもありません。毎朝目が覚めるのも当たり前のことではありません。普段はそれに気づけずに生きていますが、いざ生命の危機を迎えると「当たり前」が崩れ去って、「命」の尊さを見通せる視線をいただけるのでしょう。

榎本栄一さんの詩は、詩人の繊細な感性でもって「命」が尊く光り輝いている様子を表現したものなのでしょう。

優先順位
の考え方

人は生まれるときも
死ぬときも、ひとり。
だからこそ大切な
「なにか」を求めるのです。

カード
15

なぜ人として
生まれてきたのだと
思いますか？

「死の体験旅行」の発祥ははっきりとしないものの、欧米の終末期医療の現場でつくられたことは確かなようです。
そのせいか、受講者のなかで医療者が占める割合は、少なくありません。

◆ ◆ ◆

40代の女性、田中《たなか》さん（仮名）は看護師。しかも緩和ケア病棟で勤務され、仏教にも深く興味を抱いている方ですので、このワークショップを受けにいらしたのも必然であったように思います。

知人からの勧めで「死の体験旅行」を知り、自分だったらどんな心境になるだろうか、自分は、本当はなにを大切に思っているのだろうか、それが知りたくて参加をしてくれたのだそうです。また、緩和ケア病棟で働く自分にとって、この体験は必要だとも感じたとのことでした。

その知人からある程度の内容を耳にしていた田中さんは、究極的には子どもと母が残っていくだろうと予想しており、また予想どおりになったのだそうです。しかし、その過程では予想外のことが次々と現れました。

「なるべく『物』を持たない」ということを心がけて生きてきた田中さんですが、しかし思っているよりも物質に支えられているのだという気づきに驚かされました。

また、「思い出」が想像以上に大切だと感じ、未練など感じていないと思っていた故郷が大切な場所だったとも気づいたそうです。

そして、やはり「人」。大切な人と過ごす時間がやがて思い出になり、それが自分を支えてくれている。「生きる」ことは人と関わることなのだ、など多くの気づきが押し寄せてきたと言います。

そんな多くの物・記憶・人に支えられている自分にとって、「死の体験旅行」の物語で主人公が病を得てからの展開は、苦しみの時間だったそうです。

物語が進むにつれ涙があふれ、周りの人からもため息やすすり泣きが聞こえます。「みんな苦しいんだな」と感じつつ、自分の大切なモノを取捨選択していきました。

大切なモノを手放そうとすると、手に力が入ります。思いきりと覚悟が必要とされ、手放したときには諦めと感謝がわき出してきました。

そして最期の時を迎え、しばらくの時が過ぎ……再び目を開いたとき、「ああ、自分は生きているんだ、私には時間が与えられているんだ」と深い実感を得たのだそうです。

田中さんの職場は終末期医療病棟ですから、患者が治癒をして退院することはありません。出逢った患者は100％の確率で亡くなっていきます。静かに死を待つ方、最後まで死にたくなくて苦しむ方、家族の「逝ってほしくない」という気持ちに苦しむ方。また、死にゆく患者が徐々に衰えていくことが受け入れられない家族。いろいろな方がいて、でも共通するのは「諦めなくてはならないことは苦しみ」だと田中さんは言います。

人は、必ず死ぬということを日々忘れたかのように生きていたり、また逆に死の恐怖に苛まれることもあります。しかし、死の世界のほうから生を見つめるという視点の転換は、「なぜ自分は人として生まれてきたのか、なにをするためにこの世に生を受けたのか、いまなにをやりたいのか」ということを教えてくれるのではないでしょうか。

後半のシェアリングで参加者同士が感想や思いを交わし合う様子を見た田中さんは、みなそれぞれに違い、その価値観はそれぞれに尊重すべきなのだと感じたのだそうです。

そして、死を目前にした患者の思いや価値観を尊重しながら、同じく死を内包している者としてその苦しみから目を背けず、寄り添っていきたい。田中さんはそう思いを口にしてくれました。

田中さんはいま、看護師として働きながら仏教も学んでいます。やがては僧侶となり、また臨床宗教師となって、病に苦しむ人の役に立ちたいと願っています。

医療と仏教は対極のもののようでいて、でもその両者がつながればどれほど多くの苦しむ人の心が救われるだろうか、と私は以前から考えていました。少しずつ、医療者であり仏教者、あるいは宗教者という人材も増えつつあります。

田中さんの夢が現実のものとなるよう、私も強く念じています。

おとりつぎ

僧侶に「お釈迦さまはどんな方ですか？」と聞けば、その僧侶や宗派によってさまざまな答えが返ってくると思います。

私自身は「年をとったり病気になったり死んでしまうことが嫌だと思って修行の生活に入り、人は年をとったり病気になったりして最後は死んでしまうのだと悟られた方ですよ」と答えるようにしています。

なんだか煙に巻いたような答えに見えるかもしれませんし、そんな当たり前のこと、わざわざ悟らなくても誰でも知っている、と思われるかもしれません。

お釈迦さまは約２５００年前、インド北部のシャカ族という小さな王国の王子としてお生まれになりました。体も丈夫でなく、なによりお世継ぎの一人息子だったようで大切に大切に育てられます。

物思いにふけりがちな王子を心配し、父王は息子の視界に悩みのもととなるようなもの、つまり老人や病人や葬儀などが目に入らないようにしました。しかし成長すればいつまでも籠《かご》の鳥というわけにはいきません。自分の意思で城の外に出かけようとします。

ある日、愛馬に乗った王子が城の門を出ると朽ち果てんばかりに年老いた老人を見て、「自分もいつかこうなるのか」と驚きます。

次の日に違う門から出ると重病に苛まれた病人を見て、「自分も病になるのだろうか」と苦悩します。

また次の日に違う門から出ると葬儀の列を見つけ、「自分もほかの人もいつか死ななければならないのか」と恐れます。

4日目に最後の門を出ると、そこには飄々《ひょうひょう》とした清らかな出家修行者がいます。初めて知った老病死の苦悩から解き放たれたようなその姿に感銘を受け、のちに王子も出家を決意するのです。

王子は6年間の修行・苦行を経て悟りをひらきます。その悟りのひとつが「すべての存在は変化することから逃れられない。それを拒否しようとすれば苦しみが生じ、それを受け入れれば苦しみは消える」というものでした。

老病死があって私たちの命が有限であるからこそ、私たちはどう生きればいいか考え、ときに笑い喜び、ときに泣き苦しむのでしょう。もし命が無限であるならば、苦しみとともに喜びも消えてしまうのだと思います。

つまり、「生きる」ことの対極にあるように思える老い、病気、死は、私たちに大切な問いを与えてくれるかけがえのないパーツなのです。

優先順位の考え方

生まれて、生きて、死ぬ。
それは諦《あきら》めではなく、
誰にとっても
諦《あきら》かなことです。

カード
16

「死にたい」と思うほど
つらい目に遭ったことは
ありますか？

2013年のはじめに開始した「死の体験旅行」ですが、2022年4月で参加者がのべ4000人を超えました。

ところが、まさにそのさなかにやってきた新型コロナウイルスの感染拡大は、開催の継続に大打撃を与えました。

緊急事態宣言とともに、予定していた「死の体験旅行」はすべて中止を余儀なくされ、再開の目途もたたなくなったときは本当に空虚な気持ちになったものです。

とはいえ、悪いことばかりではありませんでした。

4〜5人程度の小規模で実験的に開催したところ、後半のシェアリングの内容が濃く、深い話が出てくるようになったのです。

これは、思いがけない発見でした。

ただ、これからお話しするのは、まだ10〜20人規模で開催していた初期のころの話です。

◆　◆　◆

大きな規模で開催していたころ、時間内ではお一人おひとりの気持ちを詳しく掘り下げていくことはできませんでした。

そこで、フェイスブックや掲示板を利用して、時間内に話せなかったお気持ちをうかがってみることにしたのです。

その投稿のなかで、私がとくに興味を引きつけられた書き込みがありました。

以下、引用します。

『死の体験旅行』を受けた当時、私はもう死んでもいいいと真剣に思っていました。死に関して本を読んだり、死後について考えたりの日々で、それもあっての参加でした。

驚いたのは、あんなに死んでもいい、人生終わりでいいと思っていた自分が、ストーリーが進むにつれて死ぬことを恐れているのです。

受講後、冷静に自分の人生を振り返るようになりました。最近は死が訪れるまで真剣に生きようと思えるようになっています。

死に対する恐怖はずっとあり続けるでしょう。でも、それを認めて暮らそうと思っています。

私は「自死・自殺に向き合う僧侶の会」という、宗派を超えた僧侶の集まりで活動をしています。文字どおり自死問題に対応する会なので、「死にたい」という声にはとても敏感になってしまいます。

じつは、自死が成功せず、未遂に終わった人の話を聞いてみると、ほとんどの人が「自分はなぜあんな恐ろしいことをしようとしたのか」と強く疑問に思い、そして「未遂に終わって本当によかった」と感じるのだそうです。

その話を聞いて私は、「死にたい」という言葉は文字どおり受け止めるのではなく、その言葉の陰に隠れた「（死にたいと思うほど）つらい」という苦しみに目を向けるべきだと考えるようになりました。

この参加者さん（掲示板には「ｍｋ」と書かれていました）は、詳しい理由はわかりませんが、もともと希死念慮を持っていらしたようです。死について思いを巡らす日々のなか、「死の体験旅行」を知り参加しようと思ってくださったのは必然だったように思います。

ｍｋさんは「死の体験旅行」を進めるなかで、あれほど思い焦がれていた「死」に恐怖感を覚えました。そして「死が訪れるまで真剣に生きよう」と思うほどに気持ちが変化したというのです。

ごく最近になるまで、死はもっと身近にあるものでした。１９７６年までは病院よりも自宅で亡くなる方が多かったので、看取りは日常的なことだったでしょう。さらに明治以前にさかのぼれば、道端に行き倒れの遺体が転がっていることも珍しくなかったと思います。

また東日本大震災でも、震災直後は被災地の自殺率が大幅に下がったというデータがあります（とはいっても時間の経過とともに、震災によって発生した大きな苦悩によって自死される方は増える傾向にあるのですが）。

つまり、死が身近に感じられる状況では「死」は恐ろしいものとして捉えられ、自死したいと思う方、実行する方が減るものと思われます。

それが現代に近づくにつれ、福祉や医療が発達し、「死」は私たちの視界から見えにくくなりました。それ自体は悪いことではありませんが、死をリアルに感じることが難しくなった結果、かえって死にたいと思う方が増えたというのは皮肉なことです。

おとりつぎ

「死の体験旅行」の活動を通じて、私自身に死生観の変化はあったのか？と問われてみると、「う〜ん」と考え込んでしまいます。

2018年4月から私は「仏教死生観研究会」という宗派を超えた僧侶たちの会を起ち上げて、「死の体験旅行」の手法を伝授したり、死生観について考えを深める勉強会の場を設けています。会員は都市部だけでなく、地方の方も多いのですが、最近はオンライン会議で行うようになって、話をする機会はむしろ増えているくらいです。

ですから死生観について考える機会は普通の人より多いはずですが、そこでわかったのは、どこまで考えても「死を理解した」なんて境地はない、ということです。

高僧伝といった書物を読むと、悟りきって立派な最期を遂げたお坊さんがたくさん出てきます。

たとえば、戦国時代の臨済宗《りんざいしゅう》の快川《かいせん》というお坊さん。甲斐国の武田信玄《たけだしんげん》に招かれて恵林寺《えりんじ》の住職になった方ですが、武田氏滅亡に際し、織田信長《おだのぶなが》の兵に寺を焼かれて「心頭滅却すれば火もまた涼し」と言って火中に没したと言われています。

そんな立派な死に方が私にできるか……と考えると、そうありたいとは思うけれども、たぶん無理でしょう。この世への未練や執着から離れるのは、容易なことではありません。

むしろ、私が共感できるのは、同じく臨済宗の僧で、江戸時代後期に生きた仙厓《せんがい》というお坊さんです。

宗教活動のかたわら、あらゆる階層の人々の求めに応じて筆を振るった禅画の名人ですが、亡くなる直前、彼を慕う人々の求めに応じて辞世の言葉を書いたといいます。

で、そこには、「死にとうない」と書かれていた。

さすがにそれでは格好がつかないからと、もう一度、書を求めると、仙厓さんはこう書いたそうです。

「ほんまに死にとうない」と。

このエピソードは、「死」がどんなものなのか、如実に私たちに示しているように思えます。

ですから、私も仙厓さんのように死んでいくのがいいのかなと思うことがあります。死のとんでもない喪失感、恐怖、悔しさや未練など、さまざまな感情を味わい尽くして、「死についてあれほど偉そうに語っていた浦上が、あんなにみっともない死に方をしたぞ」と言われるのも本望だと思っています。

優先順位の考え方

死が怖いのは当たり前。
だからこそ人は、
真剣に生きる道を
選ぶことができるのです。

カード
17

いつもそばにいて、
あなたを支えて
くれたものは
なんですか？

「死の体験旅行」では、自分がなにをいちばん大切に思っているのか、そんな、普段あまり考えないようなことに向き合い、自分自身の内面を見つめるような体験ができます。

受講者によって導き出される大切なものは違いますが、やはり「人」がもっとも大切だと気づく方の割合がかなり高くなっています。また、人以外では、忘れがたい思い出の残る場所であったり、捨てきれない夢であったりします。

物品の場合は単に高価なものよりも、誰かからの形見の品だったり記念の品であったりと、やはり思いのこもるものが挙げられます。

しかし、ときに「えっ!?」と驚かされることがあり、進行役としてなんとコメントすればいいのか、さっぱりわからなくなることもあります。

そのひとつが「ふとん」です。

◆　◆　◆

最初に「ふとん」と耳にしたときは「意外なものを挙げる方がいるもんだな」と思っていましたが、これまで受講した約5000人の人たちのうち、5人が「ふとん」と回答しましたので、単に奇をてらったということではないようです。そして理由を尋ねると、そこには共通するものがありました。

私の記憶にある5人ですが、正確には全員が「ふとん」と答えたわけではなく、人によって「毛布」だったり「タオルケット」だったりしますが、いずれも「寝具」という点が共通しています。

そして彼らがその寝具を大切に思う理由は、べつに寝ることが唯一最高の趣味だとか、大枚はたいて買った高級羽毛ぶとんだからといった理由などではなく、意外にもシリアスなものだったのです。

ある方は、「自分が精神的につらかったり、体調を崩して苦しかったりしたときに、このふとんにくるまって耐え忍びました。自分のいいときも悪いときもそばにあってくれたのが、このふとんなんです」とおっしゃいました。

その方はべつに孤独なわけではなく、ご家族もいらっしゃるようです。家族が支えてくれる部分もあるのでしょうが、それでも最後の最後に耐え忍ぶのは自分自身で、それに無言で寄り添ってくれるのが「ふとん」だったのでしょう。

またある方は、「自分が失恋したり悔しいことがあったとき、この毛布にくるまって大声を上げて泣いたんです。悔し涙も鼻水もついたかもしれない。自分のいちばんみっともない部分を知っているのが、この毛布なんです」と言いました。

その方は、見た目は男らしいワイルドな雰囲気でしたので、とても意外に感じた答えでした。それと同時に、人は見かけによらないんだなということを改めて感じさせてくれました。

また別の方は、小さいときからずっと使っているタオルケットがもっとも大切なものとして残りました。とはいえ古びたタオルケットですから、普段はそれほど大切だとは思っていなかったそうです。しかしストーリーが進むにつれ、自分の健康が失われ、できることも少しずつ減っていく。そんななかで最期まで手放さずにいられたものが、そのタオルケットだった。積極的に残したというよりは、消去法で残った、残ってくれたという感覚だったのかもしれません。

おとりつぎ

少ないながらも「寝具」という意外に思える回答が重なりましたので、自分なりにいろいろと調べてみました。するとすぐに「ブランケット症候群」という言葉が見つかりました。スヌーピーでおなじみのコミック『ピーナッツ』の登場人物で、いつも毛布を引きずって歩いている少年ライナスになぞらえて、心理学用語では「ライナスの毛布」とも呼ぶこともあるそうです。

症候群といっても悪いことではなく、成長過程で自立に向かうとき、親以外に安心感を与えてくれるものとして身近な毛布やタオルをその対象とする場合があるのだそうです。大きくなるに従って不要となることが多いようですが、ストレスが強くなると復活する場合もあるそうです。

寝具の場合だけでなく、ハンドタオルだったりぬいぐるみだったりする場合もあるそうで、受講者の記録を調べてみると、タオルがひとり、ぬいぐるみが5人いらっしゃいました。寝具と合わせると11人になります。

思い起こしてみると、僧侶として立ち合う葬儀の場で、火葬の前に棺に花を手向けますが、花だけでなく故人の愛用の品などが副葬品として入れられる場合があります。そこにもタオルやひざかけ、ぬいぐるみが入ることがあります（ふとんはさすがに棺に納まりませんが）。

ふとんもタオルもぬいぐるみも、言ってしまえば「執着」の対象です。そして仏教では「執着を手放すこと」を説きますので、私はそういったものに執着しないよう伝えるべきだったのかもしれません。

しかし一方、古びたふとんを大切にしていても、誰に迷惑をかけるわけでもありません。多少不衛生かもしれませんが、洗濯したり日に干したりすれば問題は解決します。むしろ、それを失うことのストレスを考えれば、持ち続けるメリットのほうが大きいかもしれませんし、人間味があるじゃないかとも感じます。

優先順位の考え方

私の心を安らげるのは、
人に限りません。
ときにはもの言わぬ物が、
私に寄り添います。

カード
18

あなたにとって、「生きる意味」とはなんですか？

「利己的」「利他的」という考え方があります。簡単に言うと「利己的」とは「自分の利益を追求する傾向」、「利他的」とは「他者の利益を尊重する傾向」とまとめられます。

「死の体験旅行」は自身と究極のかたちで向き合う行為ですので、「自分にとって大切なもの」という、ある意味利己的な選択をすることは当然のことと思われます。

しかし、そんななかでも「世の中にとって大切なもの」を残される方もいらっしゃることに、私は強い尊敬の念を覚えずにいられません。

◆ ◆ ◆

私は大学では国文学科で上代文学を学び、卒業論文のテーマは万葉集という、いわゆる文系です。読書が好きだったということもありますが、数学の才能がまったくなく、絶望的に苦手だったことも影響しています。自分が苦手だからか、数学が得意な理系の方に憧れる気持ちがあります。

一方、文系と理系のイメージというと、文系は物語を読んだり紡いだりするのが好きなロマンティックな思考があり、理系の方は数字や実験結果を追い求めるリアリストな面がある、という先入観がありました。しかし、「死の体験旅行」を続けているうちに、理系の人こそロマンチストなのではないかと気づかされたのです。

「死の体験旅行」は一般の方が広く受けにいらっしゃるので、その人がどんな仕事や立場なのかは基本的にはわかりません。しかし本編のあとのシェアリングの時間で、「私はこんな仕事をしていて」と話す方がいたり、感想の内容で職業がわかる場合もあります。

そんななかで、数は多くありませんが、科学に関することを「自分の人生においてもっとも大切なもの」とおっしゃる方がいます。興味を持って話をうかがうと、やはり科学に関する仕事をされていました。

ひとりの受講者は、もっとも大切なことを「科学を伝えること、役割を果たすこと」と言いました。大学の講師として科学を教えていて、そのご自身の役割が自分の人生にとってもっとも大切だと感じていらっしゃるのです。

大学の各学部学科でそれぞれの分野を学んだとしても、その内容に応じた仕事に就く方ばかりではありません。そうでない人のほうが圧倒的に多いのではないかと思います。その方も、自分が教えた学生が、たとえ才能があったとしてもさまざまな事情でまったく違う分野に進んでいく姿を見てきました。

しかし、私たち人間の進歩は科学の発展によって引き起こされてきたのですから、才能ある人が別の道に進んでしまうことは、大きく言えば人類にとっての損失です。ですので、その受講者は自分のもっとも大切なことを、単に科学を伝えるだけに留まらず、伝えた相手が学んだ道に進めるよう導くという役割を果たすことと気づかれたのです。

先ほど、科学の才能があってもさまざまな事情で別の道に進む方がいると書きましたが、その「さまざまな事情」のもっとも大きなものは金銭的な問題です。科学の研究には莫大《ばくだい》な費用がかかり、またその研究が必ずしも大きな成果に結びつくとは限りません。ときおり報道で、目を見張るような研究の成果が華々しく紹介される様子を見ることがありますが、その陰で結果を出せずに終わった研究や、費用が尽きて断念せざるを得なかった研究が山のようにあるのでしょう。

「科学」に関するものをもっとも大切だと感じたふたりめの方は、「科学進歩の研究費を捻出する」と言いました。自分自身が研究をするわけではなく、支援をする立場です。

この方も、もとは研究者を志していましたが、まさに金銭的な問題でその道に進めず、まったく別の分野に就職をしました。しかし科学の進歩に関わる夢を諦めきれず、かといって自分自身が研究者になる道を選ばず、後進のために環境を整えたいという目標を持ったのです。

その夢のために、その方は最近、起業をしたそうです。その仕事が軌道に乗って、自分自身がこれだと思える研究を支援することを大切な夢として抱いたというのです。

３人目は、実際に研究者の道を進んでいる方です。その方はもっとも大切なものを「環境問題をひとつでも解決する」と言いました。

地球温暖化や急激な気候変動、森林破壊や砂漠化、マイクロプラスチックなどの海洋ゴミや、最近ではスペースデブリと呼ばれる宇宙ゴミも問題とされています。ほかにも無数の環境問題があり、どれもが地球やそこに暮らす生物や私たち人間にとって大きな課題となっています。

そうした環境問題をひとつでも解決するという夢が、自分にとってもっとも大切だと感じた。その青年はまっすぐな目でそう口にしました。ドラマのセリフやスローガンとして耳目に触れていた「子孫に美しい地球を残す」という耳当たりのいい標語のような言葉が、目の前の人物から生の声として発せられました。

私は、いえ、私だけでなく、一緒に「死の体験旅行」を受けた人々も、自分たちが享受している科学技術の一つひとつの背後に、こうして夢を抱く人がいるのだと改めて気づかされたのです。

おとりつぎ

かつて、妻と一緒にインド旅行に行ったことがあります。築地本願寺の仏教学院を卒業したときに参加した仏跡巡拝旅行です。その際、ガンジス川にも立ち寄りました。

インド人の8割を占めるヒンドゥー教徒は、一生に一度はガンジス川で身を清めることを願っているそうです。そうして沐浴《もくよく》をしている人もいれば、洗い物をしている人もいます。運よく私は眼にしませんでしたが、動物や人の死体が流れてくることもあるそうです。また河畔《かはん》には原始的な火葬場もあり、遺骨も遺灰もすべて流されます。

その光景を見ていて、フッと輪廻（サムサーラ）という言葉が頭に浮かびました。

この言葉は仏教用語と思われていますが、仏教以前からのインドの思想です。命は生まれ変わる。前世の行いでいまの生き方が決まり、いまの生き方で来世の生き方が変わってくる、そういった考え方です。

来世のためにいまを誠実に生きよう、という動機づけになる一方、恵まれない生活をしている人を「前世の報い」と切り捨てる悪しき理論ともなります。

人や動物が死に、ガンジス川に流される。その体は魚のえさになり、また微生物に分解され川の養分となる。下流の土地を豊かにし、そこからまた新しい命につながってゆく……。古代インド人もこの情景を見つつ、輪廻という思想に至ったのではないかと感じました。

さて、話はガラリと変わって『歎異抄《たんにしょう》』の話になります。

『歎異抄』は、親鸞聖人の49歳下の若き弟子・唯円《ゆいえん》が、90歳まで生きた師の晩年の言葉を集めた書ですが、そのなかに、こんな言葉があります。

「親鸞は父母《ぶも》の孝養《きょうよう》のためとて、一返にても念仏申したること、いまだ候はず（私は父や母の追善供養のために念仏申したことは一度もない）」

念仏は、阿弥陀さまの名号を称えることで極楽浄土に往生するための言葉ですから、「父母のために一度も称えたことがない」というのに一見、驚かされてしまうのですが、親鸞聖人はそれについて、こう説明しています。

すべての生きものは遠い昔から、生まれかわり死にかわりしてきた。そのあいだにはお互い、あるときは父ともなり、母ともなり、またあるときは兄ともなり、弟ともなり合ったことがあるに違いない。

念仏が自分の努力によって励む善行であれば、その念仏を振り向けて父母を助けることができるだろうが、それは本来の念仏ではない。自力をひたすら捨て、すみやかに浄土に生まれて仏になれば、どのような苦しみに沈んでいる人々であっても成仏させることができるのだ、と。

そして、今生の親子や兄妹という関係の相手だけを救うのではなく、自由自在に縁ある存在を救いとっていこうと語っているのです。

親鸞聖人が私たちに示してくださっている、広大無辺な慈悲の道を私も歩んでゆきたいと願っています。

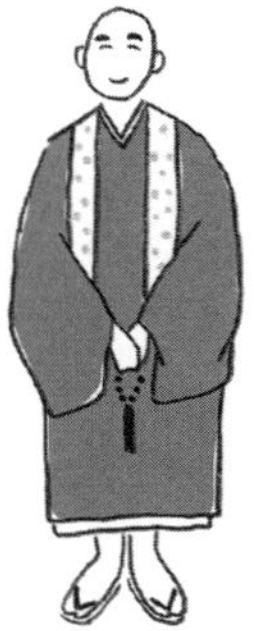

優先順位の考え方

私、家族、地域、
国、大陸、地球、宇宙。
より大きな視点が、
尊い足跡を残すのです。

あとがき

本書を手に取っていただいたみなさま、誠に有り難うございます。

以前に「死の体験旅行」を受けたことのある方はそのときの記憶が蘇ったかもしれませんし、まだ受けていない方は、「自分だったらどうするか」と考えつつお読みいただいたかもしれません。

そして、「実際に受けてみたい」と思った方もいらっしゃるかもしれません。私は横浜市の自坊で定期的に開催していますし、「死の体験旅行」を伝授した仲間の僧侶が全国におります。ご興味のある方は、「仏教死生観研究会」のホームページ（262ページ）をご覧ください。

私が「死の体験旅行」を知って受講したのは、2012年9月。最後の1枚になったカードは、ご本尊や経典ではなく「坊守（妻）」でした。また数年後、自分で主宰するようになってから2度目の受講をしたときも、同じく「坊守（妻）」が最後の1枚になりました。

もちろん家族だからということもありますが、ゼロからお寺を興すにあたって、同じ目標を共有し支えてくれた戦友という側面もあり、より大切だと感じたのだと思います。

私にとって2冊目の書籍となった本書は、ひょんなことからご縁が生まれました。

2023年11月に、TOKYO FMの「SUNDAY'S POST」というラジオ番組に出演する機会がありました。日本郵便がスポンサーなので、番組内でゲストが「誰か」に向けて書いた手紙を朗読するコーナーがあります。

直前まで誰に手紙を書くか考えあぐねていましたが、収録日の前日、妻の父が亡くなったのです。義父は定年まで郵便局を勤め上げた方でしたので、その義父に向けて手紙をしたためました。そのことを知らせず朗読をはじめたのですが、途中でパーソナリティの小山薫堂《こやまくんどう》さんと宇賀《うが》なつみさんの表情が変わったことを覚えています。

話が遠回りになりましたが、その放送をたまたま聴いて興味を持ってくださったのが、株式会社アスコムの大住兼正《おおすみかずまさ》編集長です。そこから株式会社コサエルワークの天野《あまの》由衣子《ゆいこ》さん、以前に取材いただいたライターの内藤孝宏《ないとうたかひろ》さんと縁がつながり、企画が誕生しました。

貴重な機会をいただき、また懸命に書籍を作り上げてくださった大住さん、天野さん、内藤さん、それと株式会社アスコムのみなさまに感謝申し上げます。

また、以前に「死の体験旅行」を受け、インタビューに応じていただき、本書にエピソード掲載の許可をくださったみなさまにも感謝いたします。

さらに、この機会の端緒となった「SUNDAY'S POST」のみなさまと、穏やかでいつも家族の心配をしてくれていたお義父さんにも感謝の念を捧げます。

そしていつも私を支え、つねに私の「最後のカード」でいてくれる妻に感謝を込めて、本書の最初の1冊をプレゼントしようと思います。

最後に、ここまで本書をお読みくださったみなさまに感謝を込めて。

本当に有り難うございました。

合掌九拝

浦上哲也

「死の体験旅行®」について
詳しく知りたい方は、
以下のホームページをご覧ください。

● 「仏教死生観研究会」
ホームページはこちら
https://bvld.info/

● 「浄土真宗倶生山慈陽院なごみ庵」
ホームページはこちら
https://753an.net/

浦上哲也

うらかみ・てつや

浄土真宗・倶生山 慈陽院 なごみ庵住職。

昭和48年生まれ、東京都出身。一般家庭に生まれ、大学卒業後は一般企業に勤めたものの、縁あって僧侶となる。平成18年に借家の一室を仏間に改装して「お寺のたまご・なごみ庵」を開設。その後、地道な活動が認められ、令和元年5月に全国で令和初の宗教法人として神奈川県より認可を受けた。

平成25年からはじめたワークショップ「死の体験旅行®」は各種メディアで取り上げられ、これまで約5000人が受講するほど大きな反響を呼んでいる。

また、「自死・自殺に向き合う僧侶の会」共同代表、「仏教死生観研究会」代表、「お坊さんがこたえるお悩み相談サイト hasunoha」回答僧を務めるなど、幅広く活動している。

もし明日が来ないとしたら、私はなにを後悔するだろう?

発行日　2024年10月8日　第1刷

著者　浦上哲也

本書プロジェクトチーム

編集統括	柿内尚文
編集担当	大住兼正
デザイン	須貝美咲（sukai）
編集協力	天野由衣子（コサエルワーク）、内藤孝宏
カバーイラスト	おとないちあき
本文イラスト	落合恵
校正	東京出版サービスセンター
撮影	三橋優美子
取材協力	厳正寺
営業統括	丸山敏生
営業推進	増尾友裕、綱脇愛、桐山敦子、相澤いづみ、寺内未来子
販売促進	池田孝一郎、石井耕平、熊切絵理、菊山清佳、山口瑞穂、吉村寿美子、矢橋寛子、遠藤真知子、森田真紀、氏家和佳子
プロモーション	山田美恵
講演・マネジメント事業	斎藤和佳、志水公美
編集	小林英史、栗田亘、村上芳子、菊地貴広、山田吉之、大西志帆、福田麻衣
メディア開発	池田剛、中山景、中村悟志、長野太介、入江翔子、志摩晃司
管理部	早坂裕子、生越こずえ、本間美咲
発行人	坂下毅

発行所　株式会社アスコム

〒105-0003
東京都港区西新橋2-23-1　3東洋海事ビル
編集局　TEL：03-5425-6627
営業局　TEL：03-5425-6626　FAX：03-5425-6770

印刷・製本　日経印刷株式会社

Printed in Japan ISBN 978-4-7762-1368-0